寻路三部曲

写给青少年的新中国成立故事

刘统 著

飘扬的国旗

少年儿童出版社

开讲啦

第四章　土地制度改革

第五章　夺取全国胜利

第六章　驱除帝国主义势力

开讲啦

同学们，这是寻路三部曲中的《飘扬的国旗：写给青少年的新中国成立故事》，讲述的是中国共产党人艰苦奋斗、建立新中国那光辉却又曲折的历程。

中国共产党人从献身革命事业那天起，就怀着一个远大的志向：要建立一个没有剥削、没有压迫、劳苦大众能过上幸福生活的新中国。他们投入了国民革命，在北伐战争中冲锋，为实现三民主义的中国而奋斗。但是国民党与共产党无产阶级革命的理念相对立，于是1927年国民党背叛革命，大肆屠杀共产党人，这让共产党人意识到，没有一支人民军队，没有自己的枪杆子，就不能取得革命的胜利。在武装起义中，工农红军诞生了，“朱毛红军”从井冈山到瑞金，打出了江西的中央苏区。在共产国际的指导下，1931年，中华苏维埃第一次全国代表大会在江西瑞金召开，建立了中国历史上第一个全国性的工农民主政权——中华苏维埃共和国。

这是中国共产党第一次建立政权的尝试。办公地址在瑞金叶坪的谢家祠堂内，办公室是用木板隔成的10余个房间，这恐怕是世界上最小的政府机关了。这个看起来如萌芽一般的政权基本模仿的是苏联的政权模式。在中华苏维埃第一次全国代表大会上，通过了《中华苏维埃共和国宪法大纲》《中华苏维埃共和国土地法》《中华苏维埃共和国劳动法》等法规，初具一个政府的功能和架构。

但是，这个红色政权是在白色恐怖的包围下建立的。从1930年至1933年，国民党军队对中央苏区发起了五次军事“围剿”，中央苏区在战争中耗光了实力，加上错误路线的领导，无力再坚持下去。1934年10月，红军被迫实施战略转移，开始长征。

红军长征到达陕北后，抗日战争的全面爆发开启了第二次国共合作。1937年9月，中华苏维埃人民共和国中央政府驻西北办事处改名为陕甘宁边区政府。共产党人开始探索有中国特色的执政方式，这就是新民主主义的宪政。边区政府实行“三三制”，其政府的组成贯彻“三三制”原则，即共产党员、党外进步人士、中间派在抗日民主政权中各占三分之一，使其具有广泛的代表性。边区建立了真正的民主管理模式，人民代表由人民直接选举产生。边区的政府成员在工资待遇方面与边区百姓同等水平，没有任何特权和高人一等的官僚气。边区政府大力发展经济，开办学习班，积极吸收国统区青年，显示出一派朝气蓬勃的景象。毛泽东自豪地说——

“陕甘宁边区是全国最进步的地方，这里是民主的抗日根据地。这里一没有贪官污吏，二没有土豪劣绅，三没有赌博，四没有娼妓，五没有小老婆，六没有叫化子，七没有结党营私之徒，八没有萎靡不振之气，九没有人吃磨擦饭，十没有人发国难财”。

1940年起，国民党掀起反共高潮，封锁打压陕甘宁边区，还停发了八路军的军饷，这给中国共产党造成了巨大的困难。怎么解决这种经济困难？毛泽东说：“无非三种办法，第一饿死；第二解散；第三不饿死也不解散，就得要生产。”“我们几万人下一个决心，自己弄饭吃，自己搞衣服穿，衣、食、住、行统统由自己解决。”这就是“自己动手，丰衣足食”的大生产运动的来历。

共产党员带头行动，八路军第三五九旅开垦南泥湾，从中央干部到学生，他们凭借勤劳的双手开荒种粮、种菜、养猪、纺线、织布，做到自给自足。军队实现自己供给是一个创造，这大大减轻了群众负担。政府还把农民组织起来，除了鼓励农民开荒种地，还帮助他们开展多种经营，增加粮食税收。而且农民缴纳公粮没有固定的数额，根据收成来定，自愿多交的当然要表扬鼓励。在这样的背景下，产生了吴满有等一大批劳动英雄。

大生产运动不仅改善了边区经济，满足了生活需求，而且丰富了共产党的执政经验。毛泽东总结大生产的经验，就是“组织起来”。通过组织，八路军、新四军具备了打仗、生产和做群众工作的三套本领。毛泽东预言：“发动群众的创造力和积极性，加上旁的各项本领，我们就一定可以把日本帝国主义打出去，一定可以协同全国人民，把一个新国家建立起来。”

共产党在陕甘宁边区的执政和建设，为后来建立新中国提供了经验。依靠群众，组织起来，艰苦奋斗，自力更生，成为新中国建设的基本国策。

延安成为抗战期间的革命圣地，为中外人士瞩目。美军观察组对这里留下了深刻的印象，认为共产党的作风比国民党强得多。民主人士也前来参观，其中黄炎培感慨万千地说，他摸索半生，实业救国，终于在共产党这里看到了中国的前途和希望。他与毛泽东曾有过著名的“窑洞对话”，提出如何克服历代前兴后衰的周期率的问题。毛泽东坚定地回答：“我们已经找到新路，我们能跳出这个周期率。这条新路，就是民主。只有让人民来监督政府，政府才不敢松懈。只有人人起来负责，才不会人亡政息。”

中国共产党希望建立一个人民民主专政的中国。毛泽东在中国共产党第七次全国代表大会上所作的政治报告叫《论联合政府》。抗战胜利后，毛泽东去重庆和蒋介石谈判，提出和平建国的建议。中国共产党是真正愿意和平的，不愿再发生内战。通过谈判，双方签订了《政府与中共代表会谈纪要》，即“双十协定”。

人民希望和平，但国民党与共产党以建立社会主义为终极目标本质上不同。在调兵遣将完成后，1946 年 6 月，国民党军队对解放区发起了全面进攻。当时国共双方实力悬殊，我们的干部普遍信心不足。敢不敢同国民党破裂，敢不敢斗争，毛泽东在思考了三天三夜之后下定决心，指示全党全军坚决斗争，如果没有坚决斗争的精神，结果将极坏。这是一个关键的决策，从而开启持续三年之久的解放战争。

在战争过程中，毛泽东牢牢把握全局，从不利中看到有利，集中兵力打歼灭战。在经历一年的自卫防御阶段后，毛泽东指挥三路大军出击，将战争引向“蒋管区”，实施战略反攻。同时他还在解放区普遍进行土地制度改革，实现“耕者有其田”。广大贫苦农民分到了土地，更加拥护共产党，人们积极参加解放军，全力支援前线。所以解放战争其实是一场声势浩大的人民战争。辽沈、淮海、平津三大战役，实现了实力强弱的转换。国民党走向崩溃，共产党赢得了胜利。

共产党夺取革命胜利有三大法宝：统一战线、武装斗争和党的建设。统一战线在解放战争中发挥了巨大作用。民主人士和国统区民众对国民党的腐败深恶痛绝，越来越多的人心向共产党。共产党积极联合各民主党派和各界人士，提出召开有广泛代表性的新政治协商会议，呼吁大家一起来建立一个新中国。共产党不搞“清一色”，团结的人越多越好。在共产党的召唤下，进步人士积极响应，原来对国民党抱有幻想的人士也逐渐清醒，大家都为筹建新中国而奋斗。

1949 年是决定胜利的关键一年。1948 年 12 月 30 日，毛泽东写了气壮山河的新年献词《将革命进行到底》，豪迈地宣布了中国共产党 1949 年的任务：

一九四九年中国人民解放军将向长江以南进军，将要获得比一九四八年更加伟大的胜利。

一九四九年我们在经济战线上将要获得比一九四八年更加伟大的成就。

…………

一九四九年将要召集没有反动分子参加的以完成人民革命任务为目标的政治协商会议，宣告中华人民共和国的成立，并组成共和国的中央政府。这个政府将是一个在中国共产党领导之下的、有各民主党派各人民团体的适当的代表人物参加的民主联合政府。

解放战争节节胜利，毛泽东并没有陶醉在胜利之中，相反感到了更多的压力。共产党即将从革命党转为执政党，从打天下到管理国家，这个转折会带来太多的新问题、新挑战，必须制定新的政策，使全党尽快实现这个转折。1949 年 3 月，中共中央在河北西柏坡召开了具有历史意义的党的七届二中全会。

党的七届二中全会表明，新中国的蓝图和大政方针，共产党已经成竹在胸。对中央的指示和政策，解放军认真执行，如陈毅给各部队下了严厉的命令：进入上海之后，最基本的一条就是“不入民房”。有的干部提出：遇见下雨、有病号怎么办？陈毅坚持说：“这一条一定要无条件执行，说不入民宅，就是不准入，天王老子也不行！这是我们人民解放军送给上海人民的‘见面礼’！”

1949 年 5 月 27 日上海解放那天，早晨下着小雨。市民们在枪声平息后打开家门，惊奇地发现马路两边潮湿的水泥地上，睡满了解放军战士。胜利的军队在城市中露宿，谁都是生平第一次见到。解放军就这样赢得了人心。

上海解放后，共产党面临的是国民党扔下的烂摊子和旧社会的污泥浊水。从缺乏经验到成功接管，共产党人表现出了高度的智慧。取缔金融投机，清扫间谍特务，收容改造特殊人员，以举国之力打退资产阶级的投机风潮……通过多种举措稳定民生，恢复工商业，团结教育民族资产阶级，建立初步的国有经济体系。在不到一年时间里，共产党向世人表明：我们不但善于摧毁一个旧世界，我们也善于建设一个新世界。

旧中国是帝国主义横行霸道的地盘，新中国坚决驱除帝国主义势力。以美国为代表的霸权主义对新中国的敌视，使共产党人丢掉幻想，准备斗争。解放军炮击“紫石英”号军舰，让英国军舰不敢再进入长江。毛泽东痛批美国白皮书，体现了中国人民的自强自立。毛泽东宣布：“多少一点困难怕什么。封锁吧，封锁十年八年，中国的一切问题都解决了。中国人死都不怕，还怕困难吗？”这豪迈自信的话语，鼓舞着中国人的民族自尊心。“打扫干净房子再请客”，那些不可一世的洋人一个个黯然离开中国，帝国主义势力被一扫而光。

1949 年 9 月，北平群贤毕至，中国人民政治协商会议第一届全体会议在这里召开。人人精神振奋，为成立新中国而献计献策。在确定国名、国旗、国徽、国歌时，专家学者贡献了他们的智慧。会议通过了具有临时宪法性质的《中国人民政治协商会议共同纲领》和《中国人民政治协商会议组织法》《中华人民共和国中央人民政府组织法》等重要文件。

1949 年 9 月 30 日，中国人民政治协商会议第一届全体会议选举出毛泽东为中华人民共和国中央人民政府委员会主席，朱德、刘少奇、宋庆龄、李济深、张澜、高岗 6 人为副主席，陈毅、贺龙等 56 人为中央人民政府委员。当选举结果公布后，会场代表一致起立，热烈鼓掌并欢呼万岁达数分钟之久。

会议选出以毛泽东为主席的由 180 人组成的中国人民政治协商会议第一届全国委员会，并通过了《中国人民政治协商会议第一届全体会议宣言》《中华人民共和国中央人民政府公告》《给中国人民解放军的致敬电》，通过建立人民英雄纪念碑的决定和纪念碑碑文，并于当晚在天安门广场举行人民英雄纪念碑奠基礼。

1949 年 10 月 1 日，中华人民共和国中央人民政府成立，在首都北京举行典礼。参加开国大典的有中华人民共和国中央人民政府领导人，中国人民政治协商会议全体代表，有工人、农民、学校师生、机关工作人员、城防部队共30万人。会场设立在天安门广场，主席台设在天安门城楼上。

下午3点整，会场爆发出排山倒海的掌声，中华人民共和国中央人民政府主席毛泽东出现在主席台上。乐队奏起了中华人民共和国国歌——《义勇军进行曲》。毛泽东主席宣布："中华人民共和国中央人民政府今天成立了！"

这庄严的宣告，这雄伟的声音，使全场30万人一齐欢呼起来。这庄严的宣告，这雄伟的声音，经过无线电的广播，传到长城内外，传到大江南北，使全中国人民的心一齐欢呼雀跃起来。

接着是升国旗。毛主席亲自按动电钮，新中国的国旗——五星红旗徐徐上升，30万人一齐脱帽肃立，一齐抬起头，瞻仰这鲜红的国旗。五星红旗升起来了，表明中国人民从此站起来了。

为了这一刻，中国共产党人整整奋斗了28年。多少烈士流血牺牲，经历了多少艰难困苦，才迎来了全中国人民的解放。新中国走来了，时间开始了。

第一章 瑞金苏维埃共和国

★ 第一节 ★

红色中华苏维埃共和国

1931年11月7日至20日，在江西瑞金叶坪村，中华苏维埃第一次全国代表大会隆重举行。出席大会的有来自中央苏区、闽西、赣东北、湘赣、湘鄂西、琼崖等苏区及其他相关代表共610人。大会选举了毛泽东、项英、张国焘、周恩来、朱德等63人组成的中央执行委员会，作为最高政权机关；指挥红军的是中华苏维埃共和国中央革命军事委员会（简称中革军委），朱德任主席，王稼祥、彭德怀任副主席。中华苏维埃共和国临时中央政府诞生了。11月27日，在中央执行委员会第一次会议上，毛泽东当选为中央执行委员会主席和中央执行委员会人民委员会主席，项英、张国焘任副主席。“毛主席”之称始于此时。

★ 江西瑞金叶坪谢氏宗祠，是中华苏维埃第一次全国代表大会会址。

会议任命了政府的各部部长（时称人民委员），并决定中华苏维埃共和国中央政府设在江西瑞金（改名“瑞京”）。

这个建立在江西中央苏区的中国第一个红色政权来之不易。

中央苏区是以赣南、闽西两块根据地为基础创建的。早在1927年11月，赖经邦、李文林、古柏等领导赣西南武装起义，开创了东固、桥头等革命根据地。1928年3月，郭滴人、邓子恢、张鼎丞等领导闽西武装起义，创建了永定溪南革命根据地。赣南、闽西这两块地区的红色割据区域，奠定了中央苏区的基础。1929年1月，毛泽东、朱德、陈毅率领中国工农红军第四军离开井冈山后，转战赣南、闽西地区，与李文林、张鼎丞部队会合，相继解放了瑞金、长汀、龙岩，扩大了赣南、闽西根据地，并将其连成一片。

1929 年底古田会议之后，红四军力量发展壮大，成为江西红军主力。在中央“一年争取江西”的计划下，1930 年 1 月，毛泽东率红四军回到赣西南，会合红五军、红六军，成立了以毛泽东为书记的总前委，统一领导土地革命斗争。6 月，红军第四、第六（不久改称为第三军）和第十二军合编为红军第一军团。8 月，毛泽东、朱德领导的红一军团与彭德怀率领的红三军团在湖南浏阳会师，组成中国工农红军第一方面军，朱德任总司令，毛泽东任总前委书记兼总政治委员。在攻打长沙后，10 月，毛泽东领导红一方面军挥师江西，攻克吉安，建立了江西省苏维埃政府。

1930 年底到 1931 年 9 月，毛泽东、朱德领导红一方面军连续取得三次反“围剿”战争的胜利，形成了以瑞金为中心，拥有 21 座县城、5 万平方公里面积、250 万人口的全国最大的红色根据地——中央苏区，为中华苏维埃共和国的建立奠定了坚实的基础。

瑞金为什么能成为中国第一个红色首都？这是地理环境和群众基础决定的。瑞金位于江西东南端，坐落在赣、闽、粤 3 省接壤且四面环山的一块平原，易守难攻，有水路可通，并不封闭。东出 40 公里即到长汀，顺汀江可直下龙岩、上杭、永定，直达广东潮汕出海；往南水道连接赣江，可达赣州、南昌。红一方面军总部驻叶坪村，在瑞金县城东北 6 公里处，古樟参天，环境优美，幽静宜人，又便于防空。

★ 江西瑞金。

中华苏维埃的红色政权是在共产国际指导下，由上海中共中央策划成立的。中共中央当时受共产国际领导，1930 年 5 月，中共中央在上海秘密召开了第一次全国苏维埃区域代表会议和全国红军代表会议，各苏区都有人参加。这两次会议号召在各地掀起革命高潮，筹备建立苏维埃全国政权。根据共产国际的意见，1930 年 9 月 9 日，中央总行动委员会主席团开会，决定召开全国工农兵代表大会，成立中华苏维埃共和国。9 月 12 日，中华苏维埃第一次全国工农兵代表大会中央准备委员会第一次全体会议召开，会议讨论决定了第一次苏维埃全国代表大会代表选举条例以及宪法大纲、劳动法、土地法、经济政策等草案，决定中华苏维埃第一次全国代表大会在江西苏区召开。

1931 年 1 月，中共苏区中央局在江西宁都小布成立，周恩来任书记（当时在上海），后迁到瑞金叶坪。受中共中央的委托，中央局毛泽东、任弼时等商量苏维埃中央政府人员名单、起草文件、制定法规、会议议程等筹备工作。2 月，中央政治局召开会议，决定毛泽东为中华苏维埃共和国临时中央政府主席候选人，并报告共产国际得到批准。

★ 1931 年 11 月 7 日，中共苏区中央局委员合影。左起：顾作霖、任弼时、朱德、邓发、项英、毛泽东、王稼祥。

中国第一个红色政权的组织形式，基本采用苏联的苏维埃政权模式，下设外交、军事、土地、劳动、内务、财政、教育、司法、工农检察9个人民委员部和国家政治保卫局。这些机关成立后，就在谢家祠堂内十几个木板隔成的房间内办公，这可能是世界上最小的政府机关了。在中华苏维埃第一次代表大会上，毛泽东代表苏区中央局向大会作《政治问题报告》。大会通过了《中华苏维埃共和国宪法大纲》《中华苏维埃共和国土地法》《中华苏维埃共和国劳动法》《中华苏维埃共和国关于经济政策的决定》等法律文件。一个红色政权在中国江西诞生了！

但是，这个政权当时是年轻的。中国共产党还没有确立自己的革命路线，而是全盘"苏维埃化"。例如《中华苏维埃共和国宪法大纲》，基本内容有：中华苏维埃政权是"工人和农民的民主专政的国家"；所有工农、红色战士及劳苦民众和家属等为苏维埃共和国的公民；劳动法宣布八小时工作制，规定最低工资标准；实现土地国有化；推翻与帝国主义签订的不平等条约；保证工农民众有言论、出版、集会结社的自由；实行妇女解放，承认婚姻自由；施行完全免费的普及教育；承认少数民族的民族自决权；苏联是中华苏维埃共和国的联盟者；等等。这些条款都是仿照苏联宪法制定的，除此以外也有一些是不切实际和实现不了的。

就在中央苏区大发展的时候，上海中央机关遭到叛徒破坏，中共中央决定逐步迁到瑞金。为了实施这个行动，周恩来领导中央特科开辟了从上海进入苏区的秘密交通线。

为了加强上海中央和各苏区的联系，打通各地往苏区的交通线，中共中央于1930年10月成立交通局，吴德峰为局长。交通局成立后，抽调得力干部，仅用三个月的时间就打通了去往中央苏区的交通线。1930年底，饶卫华到香港建立华南交通总站。交通局副局长陈刚（易尔士）到汕头市建立上海中法药房汕头分号，对外是药房，对内是绝密交通站，由博古的弟弟杨琳（秦邦礼）主持。当时的路线是从上海乘轮船到香港，再从香港乘船到汕头，然后走陆路经广东、福建进入江西。需要说明，中国共产党从来不搞单线交通，避免一人被捕全盘皆垮，所以当时在汕头还有几个秘密机关。这就形成了从上海—香港—汕头—潮州—大埔—青溪—永定这条进入中央苏区的秘密交通线。

这条交通线以水路为主，迂回曲折，便于避开国民党当局的盘查。香港、汕头是华洋杂处，百业并存，便于交通员化装往来；潮汕地区开展革命早，有群众基础，便于隐蔽；这个时期军阀混战，东江的戒备比较松懈。中央交通线就利用这些条件，经常传递信件、护送干部以及输送军事物资进入苏区。

1930年，“朱毛红军”将赣西南、闽西苏区连成一片。为了发展和扩大苏区与红军，中央决定抽调一批干部到苏区，项英、任弼时、邓发是最早到达的。之后，苏联留学干部不断回国，中央又陆续把这些同志派往中央苏区。肖劲光、刘伯承、伍修权等人就是在这个时期到苏区的。1931年4月，顾顺章叛变之后，周恩来指挥中央机关迅速搬家，在这条交通线的帮助下，有的隐蔽，有的转移，特科的李克农、钱壮飞、吴德峰也先后撤到苏区。事实证明，这条交通线是可靠的。

1931 年 8 月，中央决定迁往江西，12 月周恩来离开上海，负责护送周恩来的交通员“小广东”叫肖桂昌。后来他向苏区汇报了旅途的全部经过：周恩来从上海坐船到汕头后，原本由当地交通站安排在汕头最豪华的“金陵旅社”。可周恩来觉得太张扬，于是搬到了棉安街的一间小旅店去住。这间小旅店是当时驻潮汕的国军师长张瑞贵开的，警察、地痞、流氓都不敢去骚扰。后来又去另一绝密交通站住了一晚，这个绝密地点只有中央高级干部来才启用。

周恩来在棉安街旅店住了一夜，第二天坐火车到潮安。周恩来打扮成了商人，由肖桂昌和另一交通员黄华随行。他们开始买了二等票，谁知上车后二等车厢只有他们三个人，非常显眼。周恩来急忙走入三等车厢，和众多乘客挤在一起，拉低帽檐看报纸。

火车抵达潮安，他们吃过午饭后，乘下午开往大埔的电船，他们买的是船上的小厢房，上船后就关门休息。船到大埔县城后，转乘开往虎头沙的小电船，到青溪上岸。到了青溪交通站，由手枪队护送，夜间绕过虎头沙，爬山越岭，经洋门、党坪到铁坑小站，白天睡在老百姓家的谷仓内，天黑后由可靠的向导和交通站的手枪队护送过伯公坳，经过广东、福建交界，又行了十几里，到达永定边境的桃坑，这里距离闽西苏区已经非常近了。

周恩来到苏区前，闽西交通站站长李沛群接到永定县委书记肖向荣的信，要求派两匹好马去永定接人，还要求派两个干练的马夫。李沛群觉得奇怪，为什么不在部队找马，而要在地方上找呢？上级命令不许问，按要求办就是。后来才知道这两匹马是接周恩来的。周恩来到达汀州（今福建长汀）后，当地苏区负责人罗明、张鼎丞、郭滴人等都来拜见。第二天上午周恩来召开省委常委会议，见到自己的同志，周恩来才缓和了紧张情绪，有了回到家乡的感觉。

1931 年 8 月，上海中央决定迁往江西后，周恩来、博古、张闻天、陈云、李德等 200 多人都是这样被交通员一站站护送到瑞金的。陈彭年、顾玉良、罗贵昆到汕头市建立交通站，广东省委发行科长李沛群到闽西任交通站长，卢伟良任大埔交通站长，肖桂昌、曾昌明、熊志华等担任专职交通员……这条红色交通线由几百名忠诚可靠的党员和群众一站站接替，完成了中共中央迁到中央苏区的战略任务。

1933 年 1 月，以博古为首的临时中央政治局由上海迁入中央苏区，取代了毛泽东的领导。同年 3 月，中央苏区取得第四次反“围剿”的胜利，巩固了中央苏区，打通了与闽浙赣苏区的联系。到 1933 年秋，中央苏区辖有江西、福建、闽赣、粤赣 4 个省级苏维埃政权，拥有 60 个行政县，总面积约 8.4 万平方公里，总人口达 453 万人，党员总数约 13 万人，中央苏区成为全国最大的革命根据地。

中华苏维埃共和国是中国共产党建立政权的第一次“预

演”，虽然指导方针是学习苏联的“苏维埃化”，但是在土地革命、经济建设、文化教育、改造社会环境、改善群众生活等方面，都进行了初步的实践，为后来中国共产党建立政权提供了宝贵的经验和教训。

第二节 调查研究出真知

在苏维埃政权成立之前，毛泽东就在考虑一个最大的问题：如何解决红军的吃饭问题。

井冈山的生活是非常艰苦的。毛泽东给中央的报告说，红军每天每人五分大洋的伙食钱，时常难以为继。士兵们每天顿顿吃红米、南瓜，大家开玩笑说："打倒资本家，天天吃南瓜。"士兵的歌谣反映了生活的艰苦。本地的粮食养活不了几千人的军队，维持生活几乎全靠下山打土豪筹款子，每月都需现洋万元以上。但一则打过的地方，没得打了；二则敌人围得紧紧的，打土豪也不许你打远；三则敌情之严重，单独一两营士兵也不能出去筹款。

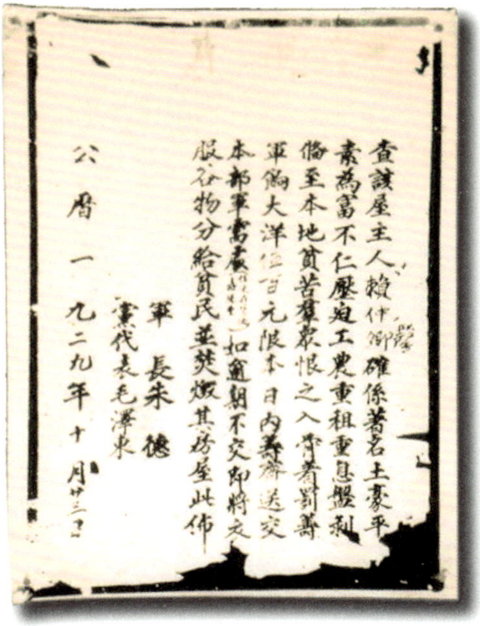

★ 为了解决军费来源，“朱毛红军”通过打土豪来筹款。

1929年，在井冈山度过一年零三个月之后，“朱毛红军”离开了井冈山，主要是因为经济上的困难。到闽西打开长汀城，红军一下子筹集了几万大洋，战士们发了军饷，做了新军装，过上了好日子。经历了这些之后，毛泽东给红军规定了三大任务：打仗、扩红、筹款。

筹款是为红军筹集经费。红军要生存，一日三餐，要置办军衣，还要购置武器装备。队伍越大用钱越多。“朱毛红军”起初没有稳固的根据地，部队流动作战，经济来源就是所过之处打土豪筹款。陈毅给中央的报告说：

“筹款工作：红军每月至少要需要五万元左右，这笔款项大部分出在土豪身上，小部分出在城市商人，有时可以叨光敌人输送一部分来。”

看了这个报告，让人不禁好奇，初期的红军究竟困难到了何种境地。但是我们回到当年的历史环境，就可以理解了。红军初起时那么弱小，生存那么艰难，试问哪个地主土豪会同情红军，拿出钱来赞助革命？1932年红军打下漳州，向当地商人筹款，遭到商人们一致的抵制。红军文件里描述了部分细节：“商人之狡猾，谁也是知道的。一般大商人要他派出巨大的款项，确不是一回易事。漳州惠隆糖行有一百万以上资本，派他一万元。他宁肯牺牲十七八万元之糖，不肯缴这一万元之款。由此可以证明：大资本家是坚决反革命的。他宁可牺牲存货数十万，不可出一文钱帮助革命。”

所以，筹款是很不容易的事情。红军筹款当时都规定了任务。张震上将当年是红三军团的连长，上级给每个连的任务是每月筹款一万大洋，他们东奔西跑，一月顶多筹到几千。

我们讲述红军的筹款，是要说明一个道理：革命，首先要生存。红军连生存问题都解决不了，怎么去革命？现在，红军回到江西苏区了，又要建立红色政权，怎么养活红军和地方干部？怎么养活老百姓？打土豪没有固定收入，毛泽东必须找到新的出路，来解决这些问题。

1930年5月，毛泽东从闽西回到江西，到寻乌进行调查。

毛泽东为什么去寻乌？此时，红四军已经扩大到两万人，江西苏区也发展到十几个县。苏区一定要有稳定的财政收入，才能维持和发展。怎样才能做到这些呢？寻乌地处江西、广东和福建的交界，是赣南商业发达的地方。县委书记古柏是毛泽东的好友，又了解当地情况。基于以上，毛泽东决定要认真深入

★ 寻乌调查纪念馆，在今江西赣州寻乌县城西南的马蹄岗上。

地做一番调查研究，先了解社会经济的运行，再制定自己的政策和措施。

毛泽东在寻乌住了半个月，每天找人座谈，开调查会，还到市场调查询问，最终总结成了八万字的《寻乌调查》。他写道："开调查会，是最简单易行又最忠实可靠的方法，我用这个方法得了很大的益处，这是比较什么大学还要高明的学校。"

在古柏的介绍下，毛泽东找到了一个曾任寻乌商会会长的郭友梅和一个县苏维埃政府委员范大明。毛泽东说："多谢两位先生的指点，使我像小学生发蒙一样开始懂得一点城市商业情况，真是不胜欢喜。"

毛泽东为何如此高兴，看看《寻乌调查》，不禁会使我们眼前浮现出一幅寻乌城的整体画面。在调查中我们看到了寻乌的地理环境、道路交通、各种行业如杂货店、水货店、药店、赌坊、黄烟店、打铁店，他们经营的货品种类、价格、通商线路、交易的钱数，都清晰明了。

明白了经营，就知道当地人怎么挣钱。然后再调查公私的租税收入。钱利、谷利、油利、钱粮税、烟酒印花税、屠宰税、牛捐、赌博捐、财政局总收入、派款借款等，政府和地主怎么征收，怎么来钱，也一目了然。

经过调查，毛泽东感慨地说：“这些干部、农民、秀才、狱吏、商人和钱粮师爷，就是我的可敬爱的先生，我给他们当学生是必须恭谨勤劳和采取同志态度的，否则他们就不理我，……没有满腔的热忱，没有眼睛向下的决心，没有求知的渴望，没有放下臭架子、甘当小学生的精神，是一定不能做，也一定做不好的。必须明白：群众是真正的英雄，而我们自己则往往是幼稚可笑的，不了解这一点，就不能得到起码的知识。”

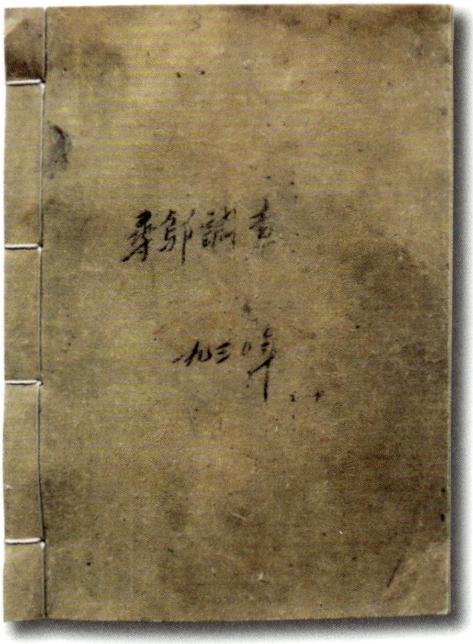

⋆ 1930 年 5 月，毛泽东撰写的《寻乌调查》。

寻乌之行，使毛泽东的观念和思路都发生了很大变化。他从打土豪转到注重经济工作，学会如何掌握财政收入，使苏区有固定的收入。要让农工商经济都得到发展，让他们安居乐业，放水养鱼，而不是硬性摊派，杀鸡取卵。

在江西农村的环境下，共产党和红军怎么生存，怎么发展，这都是共产国际和上海中央不可能懂得的。毛泽东靠独立探索，找到了苏区和红军生存发展的正确道路。所以毛泽东说出了“没有调查，没有发言权”、“反对本本主义”的论断，使毛泽东与共产国际的“左”倾教条主义分道扬镳。

毛泽东在对赣南经济的调查中，发现一个重大商机：钨矿经营。

1907 年，德国传教士在江西大余县西华山发现钨矿，以后又在崇义、全南、安远县境内发现大型钨矿。当时赣南钨砂的储量和产量，都居世界第一。30 年代初，德国开始复苏，军事工业急需大量钨砂，于是在广州等地开办公司，赣南钨矿产业初具规模。

毛泽东得知这个情况，1932 年初派他的弟弟——时任中华苏维埃共和国银行行长的毛泽民到赣南调查。毛泽民先来到大余县铁山垅矿区进行调查研究，动员了 500 多名工人，成立公营铁山垅钨矿。这是苏区第一个公营钨矿。接着，毛泽民又来到仁风山（亦称盘古山），这是会昌、安远、于都三县交界的山区，1922 年美、英、德、日相继在这里投资、办公司，开矿收钨砂。毛泽民来调查之后，由苏区银行投资，开办了“中华钨砂公司”，亲自兼任总经理。公司成立后，苏区政府统一组织生产和收购钨砂，钨砂的销路有了保证，政府收购价格实惠，矿工多产砂，多挣钱，生产积极性自然大幅度提高了。

1933 年，由中华钨矿公司开采、合作社收购的钨砂，总量比 1932 年增加了将近 4 倍，仅铁山垅和盘古山两矿的产量，就由 1932 年的 648 吨上升到 1753 吨。至 1934 年 10 月，中华钨矿公司共开采、收购钨砂 4193 吨，公营钨矿职工由 500 人发展到 5000 余人。随之运输成了问题，为了解决这个难题，苏区政府组织了 100 多人的运输队，赣县江口外贸分局有 20 条木船往返于白鹅墟、三门滩和江口之间，运送出口钨砂到广东交易。

中央苏区第四次反“围剿”获胜后，进入全盛时期，总面积达 8.4 万平方公里，控制了大部分赣南钨矿资源。当时 100 斤钨砂能卖 52 块银元，从 1932 年到 1934 年 10 月红军长征前，钨砂贸易总计创造了 620 万元的财富，对维持苏区政府的运作和养活 10 万红军、反抗国民党对苏区的“围剿”和经济封锁，起到了重要作用。

★ 第三节 ★

关心群众生活，注意工作方法

1933 年 9 月，蒋介石调集 100 万兵力，采取“堡垒主义”新战略，对中央苏区进行第五次“围剿”。国民党为了配合军事进攻，对中央苏区实施全面的经济封锁：在苏区周边建立纵深 260 里的封锁网，控制食盐买卖，限制每人每天只能买四钱盐，每月不得超过一斤。苏区和外边的贸易被中断，稻谷、花生、大豆等农产品卖不出去，价格一跌再跌。与此同时，苏区的食盐、洋布、煤油、西药等工业品奇缺，价格越来越高。群众的生活和红军的给养越来越困难。国民党这么做就是计划使中央苏区经济枯竭，无法生存下去。

国军的堡垒和封锁线，使红军的运动战和游击战法很难使用。而执行“左”倾教条主义的临时中央又采取了“御敌于国门之外”的方针，要求红军与装备和人数都占优势的国民党军队打阵地战、消耗战，这显然是不切实际的。从战争的开始，红军就处于被动局面。

战争不是单纯的军事行动，是国共双方包括人力、物力和财力等整体实力的较量，可彼时仅有二十几个县的中央苏区已经进行了四次反“围剿”作战，苏区的经济已经凋敝到了崩溃的边缘，再进行规模空前的第五次反“围剿”作战，中央苏区就到了山穷水尽的地步，兵员征集、财政储备、枪支弹药都无法支持战争继续下去。

苏维埃政府的日常开支加上战争费用，令中央苏区早已入不敷出。因此，临时中央政府连续采取发行公债的方式来弥补财政经费空缺。1932 年 6 月、10 月和 1933 年 7 月，苏维埃政府先后三次发行公债，金额分别为 60 万、120 万和 300 万元。第一期公债用抵交土地税方式陆续归还，第二、第三期则基本成为群众无偿的贡献。1934 年苏区政权向群众借谷近百万担，总值近 500 万元。而此时中央苏区人口已下降到 200 万人左右，人均负担 2 元多。加上其他支出，苏区民众人均负担已超过 3 元。

沉重的负担引起民心浮动。临时中央的领导都是留洋的，只是机械地对下级发指示、喊口号。毛泽东对此非常忧虑。他来自农村，深知农民的疾苦，他更知道人民是维持红色政权的基础。1934 年 1 月 27 日，毛泽东在苏维埃会议上讲话，提出了

“关心群众生活，注意工作方法”的问题。他说：

在我们的工作人员中，曾经看见这样的情形：他们只讲扩大红军，扩充运输队，收土地税，推销公债，其他事情呢，不讲也不管，甚至一切都不管。

…………

要得到群众的拥护吗？要群众拿出他们的全力放到战线上去吗？那末，就得和群众在一起，就得去发动群众的积极性，就得关心群众的痛痒，就得真心实意地为群众谋利益，解决群众的生产和生活的问题，盐的问题，米的问题，房子的问题，衣的问题，生小孩子的问题，解决群众的一切问题。我们是这样做了么，广大群众就必定拥护我们，……国民党要来进攻红色区域，广大群众就要用生命同国民党决斗。这是无疑的，敌人的第一、二、三、四次“围剿”不是实实在在地被我们粉碎了吗？

国民党现在实行他们的堡垒政策，大筑其乌龟壳，以为这是他们的铜墙铁壁。同志们，这果然是铜墙铁壁吗？一点也不是！……真正的铜墙铁壁是什么？是群众，是千百万真心实意地拥护革命的群众。这是真正的铜墙铁壁，什么力量也打不破的，完全打不破的。

群众路线是党的生命线。毛泽东想群众之所想，急群众之所急，千方百计解决群众生产、生活中的困难和实际问题，以实际行动树立了共产党人甘为“人民公仆”的形象。

1933 年 4 月，临时中央政府从叶坪迁往沙洲坝。毛泽东在元太屋办公和居住，他发现这里的群众喝的是池塘里的脏水，就同警卫员小吴商量着如何为群众挖口井，解决饮水问题。

9 月的一天早上，毛泽东领着警卫员来到附近的一块空地上，用锄头在地上画了一个圈，便抡起锄头挖起来。机关干部和群众也自带工具来同毛主席一起挖井。毛泽东一边劳动，一边对大家说：“听说有的乡亲迷信风水，不敢打井，怕得罪旱龙爷，坏了屋场害了人。可我不怕，如果旱龙爷怪罪下来，让它来找我好了！”逗得大伙都乐了。在毛主席的带领下，几天时间，一口直径 85 厘米、深约 5 米的水井挖好了。为了使井水更清澈，毛主席亲自下到井底铺沙石、垫木炭，滤过的涓涓清水从井底涌上来，百姓捧着甘甜的泉水畅饮，心田被滋润了。毛主

★ 红井，位于江西省瑞金沙洲坝。

席的实际行动树立了榜样，中央各机关和当地群众掀起了一股挖井的热潮。不久，沙洲坝许多村庄的房前屋后都开挖了水井，从此，沙洲坝人民结束了饮用脏塘水的历史。

1934 年 10 月，红军长征离开瑞金后，国民党反动派卷土重来，企图填掉这口井。敌人白天填井，群众夜晚又把井挖开，就这样填了又挖，挖了又填，反复好几次，沙洲坝人民终于取得了胜利。

1950 年，沙洲坝人民为了迎接中央派来的南方老革命根据地慰问团，将毛主席开挖的这口水井进行了全面整修，并取名为“红井”。在井旁还立了一块“吃水不忘挖井人，时刻想念毛主席”的碑，表达对毛主席的无限崇敬和思念。

1934 年 7 月，第五次反“围剿”斗争最为激烈的时刻，驻在沙洲坝的中央机关被敌机发现。为安全起见，中央领导机关都迁移到较为隐蔽的云石山，分散到各个村庄。中共中央局驻在丰垅村的马道口，中革军委驻在田心村岩背，中央政府就驻在云石山顶的寺庙中。

毛泽东在云石山居住期间，由于“左”倾错误领导和共产国际派来的军事顾问李德的错误指挥，红军在战斗中非常被动，伤亡惨重，中央革命根据地日益缩小。毛泽东看在眼里，痛在心中，向中央提出了很多正确的建议和主张，但都没有被采纳。毛泽东仍然以革命事业为重，日夜操劳，前往于都、会昌等地作调查研究并指导工作。

★ 上图为位于江西省瑞金县沙洲坝的中华苏维埃共和国临时中央政府旧址。1934 年，中华苏维埃共和国第二次全国苏维埃代表大会在这里召开。

1934 年 10 月初，国民党的北路军和南路军对兴国、石城、长汀和会昌等地进行围攻。红军在苏区内线粉碎敌人“围剿”已不可能。情况紧急，临时中央做出了战略大转移的决定。10 日那天，中央机关的领导齐聚在云石山的路旁，编入军委第一、第二野战纵队，与当地群众洒泪告别，踏上漫漫的长征路。以项英为书记的中共中央分局、陈毅为主任的中华苏维埃共和国中央政府办事处，继续领导苏区军民坚持革命战争。曾位于中央苏区的第一个苏维埃政权，结束了它的使命。

第二章

陕甘宁边区

第四节 模范边区

红军长征到达陕北后，中国共产党开始在陕甘宁边区建立政府机构。1937 年 7 月 7 日夜，日本侵略军发动卢沟桥事变，国共两党重新合作。1937 年 9 月陕甘宁边区政府成立，林伯渠任主席，机关驻延安。10 月，国民党政府承认陕甘宁边区为南京政府行政院直辖区域。根据抗日民族统一战线的原则，边区政府的组成贯彻“三三制”原则，即共产党员、党外进步人士、中间派各占三分之一。1939 年 2 月，边区第一届民选政府成立，林伯渠当选为边区政府主席。

陕甘宁边区虽然地盘不大，生活艰难，却很快吸引了国统区大批青年。因为这里是民主自由的，是公平廉洁的，是充满抗日热情的一片乐土。1938 年 9 月，苏联摄影师罗曼 · 卡尔曼来延安报道抗战。他撰写了《在华一年——苏联电影记者笔记（1938—1939）》，对中国共产党领导的陕甘宁边区作了专门论述。

在论述中，他说边区（特区）建立了真正的民主管理模式，人民代表由公民直接选举产生。边区的民主还体现在政府成员在工资、服装、工作等方面与百姓一样。边区政府发动群众，建立起“自卫军”“农民联合会”“工人联合会”等组织，帮助抗战前线，维护内部秩序，最大程度上组织了人民群众。

经济建设方面，边区政府努力增加农业种植面积，将地主的土地用减租减息的方式分给了农民，大大提升了农民的生产积极性。边区还设立“农业贷款合作社”“生产合作社”等组织，帮助贫困农民并通过开设纺织厂、皮革加工厂、造纸厂、农具厂及很多手工业作坊，使经济得到快速发展，令群众生活水平得到提升。

在文化和教育方面，边区政府建起 800 多所小学，学生总数超过 2 万名。延安集中了著名的抗日军政大学、鲁迅艺术学院和众多的技术学校，建立起“边区民众剧团”“抗战剧团”“烽火剧团”等文艺团体。边区还采取了一系列有力措施消灭文盲，群众学习文化的热情不断高涨，群众的识字率也逐渐提高。

卡尔曼发现，延安虽然条件艰苦，一半以上的房屋在日军轰炸中被摧毁，但仍然吸引着青年们从全国各地汇集到这里，小伙子和姑娘们甚至成群结队地步行来延安。这些年轻人知道艰苦的生活在等待着他们，但是他们都充满着渴望，要把自己的力量贡献给争取民族解放事业。这证明抗战的思想已深入人心。

卡尔曼见到了毛泽东，只见他身穿一身灰布军便服，外面套着一件又肥又大的针织短衣，脚上穿一双布鞋。在他居住、工作的窑洞里，一张写字台、一张用粗糙木板打造的床、几个放满图书的书架、一把藤椅，就是全部摆设。卡尔曼在毛泽东艰苦朴素的生活中，找到了群众拥护他的重要原因。

卡尔曼有一次在山里偶然遇见几个农民，发现他们像朋友一样跟毛泽东打招呼，毛泽东也向农民询问一些事。交谈中，大家不时发出阵阵愉快的笑声。卡尔曼拍下了这个生动的场面，

★ 卡尔曼拍摄的毛泽东与农民交谈的画面。

认为“它鲜明地展示了共产党领袖与人民的亲密关系”，毛泽东是这样的平易近人，交谈时农民脸上毫无惊讶的表情，交谈后农民扛起铁锹继续赶路。

这就是陕甘宁边区的写照，显示出共产党在执政中的探索和成功。陕甘宁边区是这样受民众拥护，使国民党顽固派很是嫉恨。1940 年，国民党顽固派到处制造摩擦，杀害共产党员，排挤民主政权，有的还叫嚣取缔陕甘宁边区政府，对此毛泽东进行了坚决反击。1940 年 2 月 1 日，毛泽东在延安民众大会上的讲话《团结一切抗日力量，反对反共顽固派》中十分自豪地说：

陕甘宁边区是全国最进步的地方，这里是民主的抗日根据地。这里一没有贪官污吏，二没有土豪劣绅，三没有赌博，四没有娼妓，五没有小老婆，六没有叫化子，七没有结党营私之徒，八没有萎靡不振之气，九没有人吃磨擦饭，十没有人发国难财，为什么要取消它呢？……同志们，当然不能是这样的。不是取消边区，而是全国要学习边区；不是取消八路军、新四军，而是全国要学习八路军、新四军；不是取消共产党，而是全国要学习共产党。……我们发起了统一战线，我们坚持了统一战线，我们提出了统一的民主共和国的口号。谁人能够提出这些呢？谁人能够实行这些呢？谁人能够只要每月五块钱薪水呢？谁人能够创造这样的廉洁政治呢？

1940 年起，国民党掀起反共高潮，封锁打压陕甘宁边区，还停发了八路军的军饷，这给中国共产党造成了巨大的困难。

边区有几万脱产的干部和学生，供给从哪里来呢？只好加征百姓的公粮。这超出了百姓的负担能力，引起了不满。1941 年 6 月，边区政府召开县长联席会议，突然发生了雷击，延川县县长李彩云不幸被雷击身亡。有一位农民大骂："老天爷不开眼，响雷把县长劈死了，为什么不劈死毛泽东！"这还了得，骂毛泽东的农民很快被当地干部抓起来，送中央保卫部门处理。

这件事传到毛泽东那里，毛泽东说："骂人又不犯法，老乡这样骂我，说明我们工作中存在错误和问题，需要查清改正。"他指示有关人员将骂他的农民放掉。后经调查，原来是当地征粮太重了，这位农民心里有冤气。随后，党中央做出减征公粮的决定。

陕北本来就地瘠民贫，要想让一百万边区百姓养活十万人的部队和工作人员，是不可能的事情。

不能多征公粮，怎么解决巨大的经济困难？毛泽东说："无非三种办法，第一饿死；第二解散；第三不饿死也不解散，就得要生产。""我们几万人下一个决心，自己弄饭吃，自己搞衣服

★ 毛泽东题词："自己动手"和"丰衣足食"。

穿，衣、食、住、行统统由自己解决”。这就是“自己动手，丰衣足食”的大生产运动的来历。

人民军队做了大生产的先锋。八路军第三五九旅开发南泥湾，树立了一面光辉的旗帜。1939 年秋，调回陕甘宁边区的第一二〇师第三五九旅驻防于绥德，不久就遇到了吃饭难的问题。1940 年 5 月，朱德总司令从抗日前线回到延安，看到“各机关、学校、军队几乎断炊”，许多干部都因营养不良而面色苍白。

见此情景，朱德提出屯田军垦的政策，以减轻人民的负担，改善部队的生活。朱德亲自率第三五九旅第七一八团政委左齐以及多名技术干部到南泥湾实地勘察。1941 年 3 月，第三五九旅在王震旅长率领下开进南泥湾。

第三五九旅进驻垦区后，中共中央各直属单位随后也来到

★ 1941 年，八路军第三五九旅开赴荆棘遍野、荒无人烟的南泥湾。

★ 机关干部在纺线。

南泥湾参加垦荒，一时间，在南泥湾掀起了一个开荒生产的热潮。在缺钱、缺农具的条件下，部队艰苦奋斗、自力更生，开挖窑洞，自学耕作技术，制作生产工具，开展劳动竞赛，涌现出不少模范人物。仅1941年，他们就开荒11200亩，收获细粮1200石，粮食自给率达到79.5%。1942年，耕种面积更是达到了26800亩，收获细粮3050石。昔日荒凉的南泥湾，粮食堆满仓，猪牛羊肥壮，俨然一个“陕北的好江南”！

陕甘宁的全体干部、战士、学生都投入了大生产运动。毛泽东也在自己窑洞下面开垦了一块地，种上了菜；朱德组织了一个生产小组，开垦菜地3亩。1943年，中央直属机关警卫团纺线比赛，任弼时夺得第一名，周恩来还被评为纺线能手。机关、学校的生产自给，从以农业为主转到以工商业为主。1941年，后勤机关学校种菜地1801亩，收获蔬菜87.9万斤。中央直属机关种菜地2329亩，收获各种蔬菜71.5万斤。1941年上半年后勤各机关喂猪得肉56814斤，平均每人每月多吃了1斤肉。

大生产运动改造了社会风气。当时陕甘宁边区存在着不少的“二流子”。所谓“二流子”指的是不务正业、游手好闲、乞讨、抽大烟、赌博这号人。毛泽东要求：“所有二流子都要受到改造，参加生产，变成好人。”陕甘宁边区采取了一系列措施，当务之急就是组织他们参加生产，帮助其解决困难问题，并且经常督促检查。在这样的帮助下，二流子纷纷交出赌具，转入生产。

边区还组织二流子参加集体劳动，以改造其惰性和各种恶习。赤水县乡政府“把全乡八个二流子组织起来，到沟里去修水地，修成后种菜蔬”。定边县还为这些人设立了生产训练班，他们白天生产，早晨上课，晚上开讨论会。边区委员高崇珊等地方有威望的人都亲自来上课。训练班组织了土木工程队和铁工、皮工、毛工、毡工、鞋工、油刷裱糊等合作小组。通过集体劳动，二流子学习了技能，并获得了一定的劳动报酬，转变为劳动者。

陕甘宁边区大生产也推动了农民的积极性。政府鼓励农民开荒种地，多种经营，增加粮食税收。农民向政府缴纳公粮，没有固定的数额，主要看农民的收成，根据其负担能力来决定。

自愿多交的当然要表扬鼓励，在这个背景下，产生了吴满有等一批模范典型。

1942 年 4 月 30 日的《解放日报》头版头条，用相当的篇幅报道了吴满有的先进事迹：“这位劳动英雄姓吴，名唤满有，今年四十九岁，生就一个大个子，精强力壮。土地革命前是一佃农，那时吃树叶，吞糠麸，砍柴受苦（给人家做工），把赚来的钱，向当地的豪官富绅缴付捐租，自己却常常饿肚皮。土地革命后，就参加革命，分得山地一架，约四十余垧，合一百二十余亩。从此自由种地，连年积极垦荒播种，畜牛哺羊。现在全架山地，都已经变成熟地。并且还有两条犍牛、一条母牛、两条乳牛、一百多只羊。光景越过越好，娶媳嫁女，衣暖食饱。……他常常说：‘想想当初，再想想现在，我怎能忘记革命的好处，忘记边区的好处呢？’”

★《向吴满有看齐》，作者：古元。

吴满有勤劳致富，把收获的粮食大半交了公粮。他的带头，使边区农民缴纳的公粮大大增加。毛泽东非常重视吴满有这个典型。他说："吴满有已是一个富裕农民了，他因为得了过去苏维埃政府与现在边区政府的利益，他已把他自己的命运与共产党、八路军、边区政府的命运联系在一起了。"

1944年12月至1945年1月，延安召开了边区生产群英大会，表彰大生产运动中的劳动英雄和模范工作者，第一名就是吴满有。吴满有不仅自己辛勤劳动，还要组织村民生产，开展多种经营，参加边区政府会议。他从一个普通农民担任了边区参议员、枣园乡乡长等职务，经常和边区首长在一起议政。《解放日报》1944年2月29日报道了边区召开宪政座谈会的消息——"劳动英雄吴满有微笑发言，他说道：今天我吴满有，一个普通的老百姓能参加这个座谈会，和林老吴老李老坐在一搭儿讨论问题，在一个桌上吃饭，老百姓不怕政府和军队，这就是民主。人民的政府力量大，咱们八路军、政府、老百姓联在一起，男男女女都是一条心，就啥也不怕，荒山也会变成金山。"

1944年7月，谢伟思作为"美国军事观察组"成员来到延安。他感到延安的精神气质和气氛与国民党统治区完全不同：这里"没有铺张粉饰，礼节俗套"，共产党的领导人"没有贴身保镖、宪兵"，"没有失败主义"，"没有厌战情绪"，"没有政治闲谈"。华侨巨商陈嘉庚访问延安后断言"中国的希望在延安"。

毛泽东说：大生产运动在保证物质生活方面，起了决定性作用，如果不是适时地抓住这个环节，我们就无法抓住整个革命链条，我们的斗争也就不能前进。

中国共产党人在艰难困苦的环境下，与人民同甘苦、共呼吸，不仅实现了自己动手、丰衣足食的目标，而且在逆境中冲破敌人封锁，为敌后根据地军民发展经济、保障供给积累了重要而宝贵的经验。

1943 年 11 月底，毛泽东在陕甘宁边区劳模大会上讲话，总结大生产运动，主题就叫《组织起来》。他指出，大生产运动就是把群众组织起来，把一切老百姓的力量、一切部队机关学校的力量、一切男女老少的全劳动力半劳动力动员起来，只要是可能的，就要毫无例外地动员起来，组织起来，成为一支劳动大军。

通过组织，八路军、新四军具备了打仗、生产和做群众工作的三套本领。军队实现自己供给是一个创造，减轻了群众负担，对此，毛泽东说，“部队机关学校既然自己解决了全部或大部的物质问题，用税收方法从老百姓手中取给的部分就减少了，老百姓生产的结果归自己享受的部分就增多了。军民两方大家都发展生产，大家都做到丰衣足食”。

正是因为组织起来，边区群众的积极性增强，发展了生产，各方面工作走上了轨道。实践证明，边区克服严峻困难，都是实行把群众力量组织起来的结果，组织起来就不怕任何困难，就会“无敌于天下”。

毛泽东预言：“我们的同志学会了组织群众的劳动”，“发动群众的创造力和积极性，加上旁的各项本领，我们就一定可以把日本帝国主义打出去，一定可以协同全国人民，把一个新国家建立起来”。

共产党在陕甘宁边区的执政和建设，为后来建立新中国提供了经验。依靠群众，组织起来，艰苦奋斗，自力更生，就成为新中国建设的基本国策。

第五节 为人民服务

1941年9月14日，延安《解放日报》发表了一篇调查报告——《鲁忠才长征记》，说的是陕甘宁边区鄜县城关区副区长鲁忠才率领一支农民运输队到盐池县运盐的经过。文章不过三千字，不寻常的是毛泽东在前面加了一个按语："这是一个用简洁文字反映实际情况的报告，高克林同志写的，值得大家学习。现在必须把那些'下笔千言、离题万里'的作风扫掉，把那些'夸夸其谈'扫掉，把那些主观主义、形式主义扫掉。"

毛泽东为什么对一篇运盐的文章大加赞扬？我们知道，当时延安正处在空前的经济困难时期。1936年12月"西安事变"后，出现了第二次国共合作的新局面。红军改编为八路军和新四军，蒋介石按照协定，给八路军发放军饷。1941 年 1 月，蒋介石策动皖南事变，并停发了八路军的军饷，给陕甘宁边区的经济造成了巨大的困难。毛泽东说：“最大的一次困难是在一九四〇年和一九四一年，国民党的两次反共磨擦，都在这一时期。我们曾经弄到几乎没有衣穿，没有油吃，没有纸，没有菜，战士没有鞋袜，工作人员在冬天没有被盖。国民党用停发经费和经济封锁来对待我们，企图把我们困死，我们的困难真是大极了。”

怎么办呢？毛泽东说“自己动手，丰衣足食”。然而，自己动手搞生产并非易事。开荒种地要有工具，纺纱织布要有原料，这些都需要钱。再说，人是天天要吃饭的，种粮食要半年多才

★ 大生产运动中，八路军第三五九旅在晒盐。

能收获。所以，必须有一条快速挣钱的渠道，来解决边区的燃眉之急。

自从日军侵占广州之后，几千公里的中国海岸线全部沦陷，盛产的海盐被日伪军控制，大后方的军民百姓只好依靠内地的井盐、池盐维持生活。在西北，陕甘宁边区盐池县生产的池盐成了最重要的食盐来源。

中共中央敏锐地抓住了这个商机，边区政府号召农民长途贩盐，通过贸易换回边区急需的布匹、油、药品、纸张等物资。1941 年 7 月，边区政府抽调第三五九旅去盐池县开辟一千多块盐田，大幅度提高池盐产量，并责成各县干部组织运输队，开始了大规模的运盐行动。

万事开头难。陕北的老百姓祖祖辈辈都是靠种庄稼过日子，没有经商的习惯，也不愿长途跋涉几百里去冒什么风险。干部下去动员时，百姓响应的不多，主要是怕赔钱，怕有风险。于是，鄜县城关区副区长鲁忠才决定亲自带领一支运输队去盐池县运盐，看看结果究竟如何。

第一次上路，鲁忠才只动员到 14 个人，征集到 28 头牲口。他们往返用了 25 天，行程 1400 多里。路上他们自己带着粮食在客栈做饭，离开时再寄存一些粮食在客栈，等返程时吃，可以减轻路上的负担。没有草的地方就买客栈的干草，有青草的地方就放牲口吃饱。精心喂养牲口，保证不伤不病。回来后一算账，每头牲口驮了 130 斤盐，净赚 75 元。这一下群众的积极性高了，能赚钱的事，谁不去哩！鲁忠才还总结了几条经验：一是牲口越多越赚钱，一个人多赶几头牲口才能大幅增加收入；二是路上不住店，让牲口放青而不买草，每天可省 50 元，省的就是赚的。

《鲁忠才长征记》的发表，在广大民众中产生了强烈反响。对各级干部也是一个启示：与其苦口婆心地去动员群众，不如亲自去闯一闯，拿出令人信服的结果来。党员干部带头，既是服务百姓，更是引领方向。此后，边区掀起了运盐热潮，路上运盐的牲口队伍络绎不绝。各县组织合作社，有人出人，有牲口出牲口，提高了运输效率。1941 年这一年间，边区民众完成运输公盐 6 万驮的计划，盐税和利润收入缓解了边区的财政困难，也为军民大生产提供了必要的资金。

《解放日报》发表的一篇杂文说："若干年前，革命发展在一个不产盐的区域，那时反共顽固分子封锁盐不能'入'，想'淡死革命'。现在革命发展在一个产盐区域，反共顽固分子搞经济封锁，不许自由贩运，是想'咸死革命'。"然而国统区的老百姓一日不可无盐，需求决定一切，国民党顽固派的封锁不得人心。而边区政府采取种种灵活政策鼓励贸易。1943 年食盐贸易收入为边区币 15.7 亿元，占贸易总值的 62%；1944 年为 59 亿元，占贸易总值的 64%。后来毛泽东总结说"盐是边区很大的富源，是平衡出入口、稳定金额、调节物价的骨干"，"盐又是政府财政收入的一个重要来源，故盐对边区有着非常重大的作用”。

鲁忠才是干部为百姓服务的典范，随后边区又出了一位著名的模范张思德。张思德是四川仪陇县人，1933 年参加红军，经历过长征。到陕北后，于 1940 年春调中央军委警卫营任通讯班长。工作中，他总是承担困难、艰苦的工作。

1942 年 11 月，部队合并整编，一些原来的连排干部要去当班长，而之前大部分的班长要当战士。张思德就被调中央警备团一连当战士。在这个过程中，他能上能下，服从组织分配。不久，他调到延安枣园，在毛泽东身边执行警卫任务。为了保证毛泽东等中央领导有好的工作和生活环境，他经常主动打扫卫生、铺石垫路、修补窑洞，兢兢业业地做好每一项工作。

1944 年大生产运动中，他被派往安塞县山中烧木炭。烧炭要注意火候，为了烧好碳，他甚至吃住都在窑边，连晚上也要起来看几次。为了抢时间，常常是木炭还没冷却，他就冒着高温，用破布包手，钻进狭小的炭窑里捡炭。9 月 5 日，张思德带着战友们进山挖新窑，结果炭窑在雨中发生了崩塌。危急时刻，张思德一把将战士推出窑口，自己却被埋在坍塌的土里，献出了年仅 29 岁的生命。

1944 年 9 月 8 日，中央直属机关和中央警备团一千多人，在延安枣园沟口的操场上举行张思德追悼会。毛泽东参加了追悼会，献了花圈，亲笔题写“向为人民利益而牺牲的张思德同志致敬”的挽词，并发表讲话，对张思德全心全意为人民服务的革

★ 张思德塑像，位于陕西省延安市枣园革命旧址。

命精神给予高度赞扬。

毛泽东说："我们这个队伍完全是为着解放人民的，是彻底地为人民的利益工作的。""为人民利益而死，就比泰山还重；替法西斯卖力，替剥削人民和压迫人民的人去死，就比鸿毛还轻。张思德同志是为人民利益而死的，他的死是比泰山还要重的。"

毛泽东指出："我们都是来自五湖四海，为了一个共同的革命目标，走到一起来了。""我们要努力奋斗。要奋斗就会有牺牲，死人的事是经常发生的。但是我们想到人民的利益，想到大多数人民的痛苦，我们为人民而死，就是死得其所。不过，我们应当尽量地减少那些不必要的牺牲。我们的干部要关心每一个战士，一切革命队伍的人都要互相关心，互相爱护，互相帮助。"

毛泽东最后说："今后我们的队伍里，不管死了谁，不管是炊事员，是战士，只要他是做过一些有益的工作的，我们都要给他送葬，开追悼会。这要成为一个制度。这个方法也要介绍到老百姓那里去。村上的人死了，开个追悼会。用这样的方法，寄托我们的哀思，使整个人民团结起来。”

秘书整理了毛泽东的讲话稿，毛泽东感觉张思德为人民服务的精神是我们党的宝贵财富，应该在党员、军队和人民中发扬光大。毛泽东把讲话稿修改了几遍，将全文压缩到 688 字，并且把标题改为“为人民服务”。一篇经典著作诞生了。

1944 年 9 月 21 日，《为人民服务》在《解放日报》发表。文章短小精炼，语言浅显朴实易懂，读之朗朗上口，无论是战士还是群众，都能领会受益。为人民服务的思想从此深入人心，成为中国共产党和人民军队的根本宗旨。

★第六节★

窑洞对话

1945年7月1日，延安机场降落了一架飞机，走下六位国民参政会的参政员：褚辅成、黄炎培、冷遹、傅斯年、左舜生、章伯钧。他们来延安干什么？

国民参政会成立于1938年7月，是国民政府设立的各党派及无党派人士参加的议政机构，中国共产党中，毛泽东、林伯渠、吴玉章、董必武、邓颖超等7人被选为参政员。在1944年9月召开的国民参政会大会上，林伯渠代表中国共产党首次提出结束国民党一党专政，建立民主联合政府的主张。周恩来两次到重庆与国民党谈判，可蒋介石拒不接受共产党的意见，决定召开国民党一党包办的“国民大会”，拒绝中国共产党建立民主联合

★ 1945 年 7 月，毛泽东、周恩来、朱德等与国民参议会参议员在延安机场，合影右起：毛泽东、黄炎培、褚辅成、章伯钧、冷遹、傅斯年、左舜生、朱德、周恩来、王若飞。

政府的主张。在这种形势下，中国共产党于 1945 年 6 月 16 日发表声明，宣布不参加国民参政会，坚决反对国民党的独裁专制。

国共两党的尖锐斗争，引起一部分民主人士的忧虑。六位参政员飞到延安，他们以民主人士的私人身份来劝说共产党重回国民参政会。

中共中央领导人到机场热烈欢迎六位参政员的到来。第二天下午，他们开始与中共领导人毛泽东、朱德、周恩来、林伯渠、刘少奇、张闻天、任弼时、王若飞举行正式会谈。会谈的气氛坦率、诚恳。双方畅所欲言，共商国是。当他们谈到国共关系时，毛主席风趣地说：“双方的门没有关，但门外有一块绊脚的大石头挡住了，这块大石头就是国民大会。”

随后双方又举行了两次会谈，大家一致主张废除国民党一党专政，建立联合政府。会谈结束后，由中国共产党方面整理出《会谈纪要》，委托六位参政员转交国民党当局。

正事谈完了，参政员都是第一次来延安，对党的一切充满了好奇，正好有机会走走看看，和中国共产党领导人深入交谈。毛泽东也抓住这个机会，和参政员们谈话交流。尽管这些人的政治立场不同，交流总是有益处的。

毛泽东约见了“解委会”（后改称“农工党”）负责人章伯钧，章伯钧1923年在德国留学时加入共产党。1926年回国后参加北伐，1927年参加南昌起义，任政治部副主任，起义失败后脱党。抗战期间在重庆组织了一些知识分子成立中华民族解放行动委员会，立场是介于国共之间的“第三条道路”。此刻，他赞成中国共产党的政治主张。毛泽东与他长谈，希望加强共产党与民盟以及中华民族解放行动委员会之间的合作。章伯钧完全赞同，并诚恳地表示要全力支持中国共产党的主张。

在延安期间，章伯钧对延安交际处处长金城说：“我过去也参加过共产党，后来脱离了，但是我没有忘记同党的关系。……我在重庆就向周恩来先生表示，如果贵党对国事有何主张，需要各党派表态支持，则不必事先征求我的意见，尽管将我的名字签上。”

回到重庆，章伯钧向中华民族解放行动委员会同事介绍了延安之行。他说，我们在延安参观了机关、部队、学校和街道，印象深刻。延安的生活是艰苦的，但是人们的精神面貌是愉快而振作的。不管干部、战士还是群众都是精神抖擞、朝气蓬勃，大家团结一致、艰苦奋斗、积极工作、不畏困难，处处是一片兴旺的抗战景象，使人深受感动和鼓舞！但是我们看看国统区：政治腐败，贪污成风，享乐腐化，上下争利，压迫剥削，民不聊生，这种情形，谁不痛恨！最后，章伯钧肯定地说："国民党政府腐败已极，已失掉民心，是没有办法的了，在中国只有共产党才是我们的希望！"

毛泽东会见唯一的故交是傅斯年。五四之前他们在北大就认识。傅斯年自视甚高，在延安看到墙上挂满了各地送来的锦旗，讥讽地说："堂哉，皇哉。"毛泽东听出其中的意味，但没有出声，而是诚恳地邀请傅斯年彻夜长谈。

那一夜，傅斯年与毛泽东聊得上天入地，从小说聊到五四，傅斯年发现毛泽东对中国古典文学都了如指掌，但他认为毛泽东不过是宋江一流。二人回忆五四往事的时候，傅斯年表面吹捧，实则挖苦道："我们不过是陈胜、吴广，你们才是项羽、刘邦。"

7 月 5 日傅斯年返回重庆时，请毛泽东题字留念。毛泽东慨然允之，给傅斯年写了唐朝诗人章碣的《焚书坑》：

竹帛烟销帝业虚，关河空锁祖龙居。
坑灰未冷山东乱，刘项原来不读书。

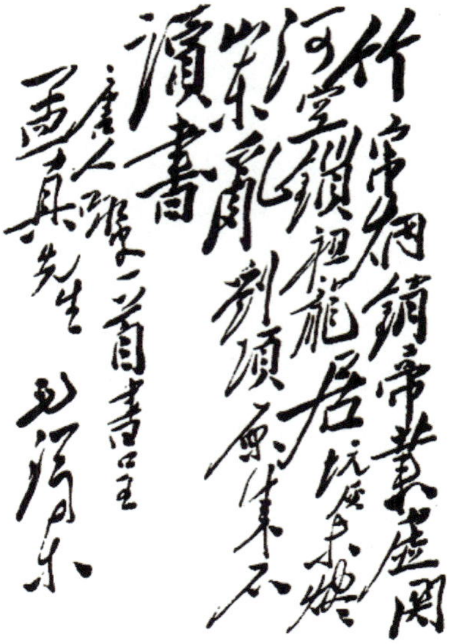

★ 毛泽东手书傅斯年的条幅。

毛泽东借“刘项原来不读书”，自谦没有傅斯年书读得多。但是历史证明：傅斯年只擅长纸上谈兵，与毛泽东的扭转乾坤不可同日而语。

对于政治上投靠蒋介石的左舜生，毛泽东则是针锋相对，毫不客气。左舜生是湖南长沙人，1919 年 7 月与李大钊、恽代英、毛泽东等组织少年中国学会，1923 年组织中国青年党。

在延安，左舜生充当蒋介石的说客，对毛泽东说：“鄙人认为，一个国家的政党可以有多个，军队却不能个个政党都有。否则，就要发生内乱，国家就不太平。”毛泽东冷静地回答：“我也主张一个国家只有一支军队，但要看军队掌握在谁的手里，为谁服务。要知道，一个没有武装的政党是没有力量的，被蒋介石视为土匪乱党的人，若没有一点儿自己的武装，根本无法生存，更不用说有发言权和改造社会了。”

左舜生大言不惭地说：“蒋先生乃当今之世界巨人，他也很赞同我的观点！”

毛泽东讽刺地说：“看来你跟蒋先生交情匪浅啊！他总以为天无二日，民无二主，我‘不信邪’，偏要出两个太阳给他看看！”

左舜生被顶得没话说，又问：“假定蒋先生约你到重庆去谈谈，你去不去呢？”

毛泽东的回答很痛快：“只要他有电报给我，我有什么不去？”

延安之行收获最大的是黄炎培。他早年参加辛亥革命，一直提倡实业救国。他认为只有培养出一批实干家兴办企业，国富民强才能救中国。然而国民党的腐败一次又一次使他失望。中国的出路到底在哪里？他是带着疑问来延安的。

到延安后，毛泽东和朱德等在杨家岭设宴款待六位参政员。说是宴会，其实只有四道菜，除了南瓜、洋芋、青菜外，荤菜只有一盆清炖老母鸡。褚辅成、黄炎培等人见中国共产党领导人生活如此简朴，大为感慨。

★ 黄炎培（1878—1965）

第二天，彭德怀陪同访问团在延安到处走一走，看一看。一路上，访问团的成员看到了黄土高坡下的一排排窑洞，虽然破旧，却整齐划一；街上的行人穿着粗布衣服，虽然样式古怪，但人们的脸上都洋溢着喜悦的笑容。

黄炎培考察中国共产党治理延安的情况，发现“每一公务员每人每年有棉衣一套，单衣一套，衬衣一套，棉鞋单鞋各几双。每天米二十两（今年为了备荒，改为十六两，有的人特别报效，自动改为十五两），蔬菜一斤。每月猪肉二斤（去年三斤，为了备荒故减），油一斤半”。通过实地考察，他真诚地说：“有一位朋友告诉我，政府对于每个老百姓的生命和生活好像都负责的，这句话做到，在政治上更没有其他问题了。”

延安之行，黄炎培目睹了在共产党领导下，延安军民在艰苦的环境下那种乐观、团结的精神面貌。那种官兵平等、艰苦朴素的生活作风，给人耳目一新的感觉。

黄炎培与中国共产党领导人的接触也很愉快，他说：“毛泽东先生，依我看来是一位思想丰富而精锐又勇于执行者。朱德先生一望而知为长者。此外，轰轰烈烈的贺龙、彭德怀、聂荣臻、林彪、刘伯承……诸位先生在一般人想象中，一定脱不了飞扬跋扈的姿态。料不到，这几位先生都是从沉静笃实中带着些文雅，一点没有粗犷傲慢样子。真是出乎意外。”他还注意到街头的意见箱，“人人可上书于主席毛泽东”。他发自内心地称赞道：中国共产党政治作风变了，“不是变向别的，而是变向平凡”。

黄炎培与毛泽东最重要的谈话，发生在毛泽东居住的窑洞中。在一个下午的长谈里，毛泽东问黄炎培：来延安考察了几天有什么感想？

黄炎培坦率地说："我生六十多年，耳闻的不说，所亲眼看到的，真所谓'其兴也浡焉'，'其亡也忽焉'，一人、一家、一团体、一地方，乃至一国，不少不少单位都没有能跳出这周期率的支配力。一部历史，'政怠宦成'的也有，'人亡政息'的也有，'求荣取辱'的也有。总之没有能跳出这个周期率。中共诸君从过去到现在，我略略了解的了，就是希望找出一条新路，来跳出这周期率的支配。"

★ 1945 年，毛泽东与黄炎培在延安机场交谈。

毛泽东坚定地回答："我们已经找到新路，我们能跳出这周期率。这条新路，就是民主。只有让人民来监督政府，政府才不敢松懈。只有人人起来负责，才不会人亡政息。"

黄炎培非常赞同。他后来说："这话是对的。只有大政方针决之于公众，个人功业欲才不会发生。只有把每一地方的事，公之于每一地方的人，才能使地地得人，人人得事，把民主来打破这个周期率，怕是有效的。"

返回重庆后，黄炎培等六人把中国共产党方面的意见向蒋介石"很坦白地据实报告"，完成了在国共之间传递信息的使命。但蒋介石未做任何回复。

延安之行，使命是次要的。黄炎培撰写了《延安归来》一书，介绍、赞扬中国共产党和陕甘宁边区，它在重庆的出版引起了轰动。当时从重庆赴延安的人不少，他们也写了延安纪行的文章，但没有一人能像黄炎培这样，明确表示对中国共产党领袖和中国共产党施政的赞赏。黄炎培和毛

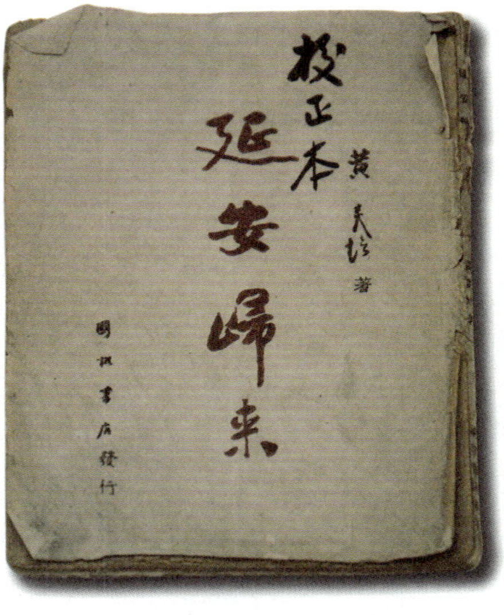

★ 黄炎培著《延安归来》，重庆国讯书店发行。

泽东关于历史兴亡周期率的对话，既是中国共产党日后执政和建立新中国的大政方针，也是民主党派汇聚到中国共产党身边的关键一步。

第三章

两种命运的决战

四平市烈士紀念塔
人民英雄
敢教日月换新天
为有牺牲多壮志

★第七节★ 重庆谈判

1945年8月9日，苏联红军出兵中国东北战场，与我军战士形成了一股强大的合力，在不到一个月的时间消灭了关东军，对日军造成了毁灭性打击。15日，日本宣布投降。抗战漫长艰苦的战略防御阶段终于熬到了头，大反攻和胜利时刻来到了。

延安总部连续发布六项命令，八路军、新四军和各地方武装闻令而动，向华北、华中、华南的城镇和交通要道大举进攻，拉开了抗日战争大反攻的序幕。

延安的行动，急坏了在重庆的蒋介石。他也连下命令，要八路军原地驻防待命，不得擅自行动。看了蒋介石的相关电文之后，毛泽东怒不可遏。要知道，华北、华中、山东等大片的敌后抗日根据地，都是共产党领导的八路军、新四军和游击队打出来的。如今胜利到来，不让我军去受降，是何道理？8月13日，中共中央以朱德总司令的名义，给蒋介石回电，坚决拒绝他的命令。当天，毛泽东在延安干部会议上发表了《抗日战争胜利后的时局和我们的方针》的讲演，提出了“针锋相对，寸土必争”的战斗口号。

根据这一指示，中共各根据地大举出击，夺取了原来由日伪军占领的多个据点。共产党在积极行动，蒋介石不会无动于衷。相比之下，蒋介石其实更有优势。抗日战争的胜利，使蒋介石达到了他一生中最辉煌的顶点。他不仅得到了美国、英国的支持，苏联也与他的政府签订了《中苏友好同盟条约》。国民党此时的劣势在于其精锐部队都远在云南、四川大后方，而共产党的军队就挨着敌占区，迈开腿就到。蒋介石必须要想出一个冠冕堂皇的办法，阻止共产党的进军。

8月14日，一封电报从重庆发往延安，蒋介石邀请毛泽东来重庆谈判。电报一发，拥护之声四起。重庆《大公报》的社评表示要珍惜抗战来之不易的胜利，全力维护国家的统一和安定，称赞蒋介石的邀请电文“蔼然诚坦，溢于言表”，“殷切盼望毛先生不吝此一行，以定国家之大计”。

中共中央研究对策，毛泽东清醒地分析了双方形势。他说，我们现在新的口号是：和平、民主、团结（过去是抗战、团结、进步）。和平是能取得的，因为中国人民需要和平。国民党暂时也不能下决心打内战，因为它的摊子没有摆好，兵力分散。国民党军内部矛盾很多，加上解放区的存在，共产党不易被消灭。毛泽东估计蒋介石还不会发动大规模内战，但很可能是“打打停停，甚至可能要打痛蒋介石才能逼他让步”。所以，毛泽东说这次谈判“不能拖，应该去，而且估计也不会有什么大的危险。……只要我们站稳脚跟，保持清醒的头脑，就不怕一切大风大浪”。

对此，大家展开了激烈的争论。其中有的同志担心毛泽东的安全，劝他不要去重庆。对此，毛泽东说：“我们要准备有所让步以取得合法地位，利用国会讲坛去进攻。我们很需要利用这样一个时期来教育全国人民，来锻炼我们自己。……我是否去重庆？还是出去。”

8月24日，毛泽东复电蒋介石，表示准备赴重庆“商讨和平建国大计”。

方针既定，中共中央立即安排有关的准备工作。各战区的领导人和将领还在延安，现在迫切要求他们立即回到各自的战斗岗位上去。8月25日，恰巧美军观察组的飞机要从延安飞往太行山区的黎城县，中央紧急决定：陈毅、刘伯承、邓小平、林彪、陈赓、薄一波等二十几位将领搭乘美军运输机返回各自地区，争取在战略上抢夺先机。

上飞机之前，刘伯承、邓小平向毛泽东请示。毛泽东说：

★ 1945 年 8 月 25 日，各战略区领导人在延安机场的合影。

“我们的口号是和平、民主、团结，首先立足于争取和平，避免内战。我们提出的条件中，承认解放区和军队为最中心的一条。……你们回到前方，放手打就是了，不要担心我在重庆的安全问题。你们打得越好，我越安全，谈得越好。别的法子是没有的。”

临行前，毛泽东起草了《中共中央关于同国民党进行和平谈判的通知》。在通报了即将去重庆谈判的决定后，毛泽东强调：“有来犯者，只要好打，我党必定站在自卫立场上坚决彻底干净全部消灭之（不要轻易打，打则必胜），绝对不要被反动派的其势汹汹所吓倒。但是不论何时，又团结，又斗争，以斗争之手段，达团结之目的；有理有利有节；利用矛盾，争取多数，反对

★ 1945 年 8 月 28 日，毛泽东在延安机场向欢送的军民挥帽告别。

少数，各个击破等项原则，必须坚持，不可忘记。”“你们绝对不要依靠谈判，绝对不要希望国民党发善心。”“坚决依靠人民，就是你们的出路。”

1945 年 8 月 28 日是中国历史上一个重要的日子。重庆九龙坡机场上，各界人士和新闻记者们都翘首以待，等待毛泽东先生的到来。

下午 3 时 37 分，一架美式运输机降落了。周恩来第一个走下飞机后，毛泽东出现了。记者彭子冈第一次见到毛泽东本人，她写道：“毛泽东先生，五十二岁了。灰色通草帽，灰蓝色的中山装，蓄发，似乎与惯常见过的肖像相似。身材中上，衣服宽大得很。”“他的手指被香烟烧得焦黄，当他大踏步走下扶梯的时候，我看到他的鞋底还是新的。无疑这是他的新装。”

记者们紧随毛泽东的专车，来到桂园的张治中公馆。毛泽东在这里稍事休息，彭子冈仍留意了很多细节：“毛先生宽了外衣，又露出里面簇新的白绸衬衫。他打碎了一只盖碗茶杯。广漆地板客厅里的一切，显然对他很生疏，他完全像一位来自乡野的书生。”

毛泽东那朴素的衣着举动，给纸醉金迷的重庆带来一股清新的空气。《大公报》8 月 29 日的社评欢呼：“毛泽东先生来了！中国人听了高兴，世界人听了高兴，无疑问的，大家都认为这是中国的一件大喜事。”

毛泽东与蒋介石第一次会见时，双方在微笑和握手中隐含着较量。蒋介石在当天日记中写道：“决以诚挚待之。政治与军事应整个解决，但对政治之要求予以极度之宽容，而对军事则严格之统一，不稍迁就。”毛泽东则胸有成竹：“人民的武装，一支枪，一粒子弹，都要保存，不能交出去。”

枪杆子里面出政权的道理，他们都明白。

在重庆，毛泽东广泛接触各界人士，让大家了解共产党的和平主张和立场。他谦逊和善的态度感动了大家，令共产党在民主人士心目中树立了良好的印象。毛泽东还会见了一些外国使节和美国驻华官员，向他们宣传共产党的主张，赢得了同情和理解。争取人心是比与国民党谈判更为重要的事情，共产党人在重庆的活动获得了很大的成功。

重庆谈判，变成了马拉松式的对话。双方在军队编制、政府方案上讨价还价，争来争去。谈判的过程艰苦而复杂。美国大使赫尔利不断向共产党施加压力，迫使毛泽东接受国民党的苛刻条件，遭到毛泽东的拒绝。谈判桌外，国民党调兵遣将，向北方进军，企图强占抗战胜利的果实。中共中央经过研究，认为只有打击国民党的气焰，才能在谈判中取得主动。9月份，刘伯承、邓小平率部队消灭了阎锡山入侵解放区的部队。毛泽东听到上党大捷的消息后，高兴地说："打得好！打得越大越胜利，我回去的希望就越大。"上党战役也使国民党当局受到震动。终于，国民党回到谈判桌上，开始了具体的磋商。

中国共产党谈判代表同国民党当局进行了为期43天的艰苦的谈判。1945年10月10日，中国共产党代表周恩来、王若飞与国民政府代表王世杰、张群、张治中、邵力子共同签署了《政府与中共代表会谈纪要》，即"双十协定"。这是重庆谈判的重要成果。国民党当局在中国共产党的忍让和全国进步势力的呼吁下，终于做出了一些承诺，接受了"和平建国"的基本方针，承认了中国共产党的合法地位，承认了各党派召开政治协商会议，但双方在人民军队和解放区政权两个根本问题上未能达成协议。《新华日报》在10月12日的社论中指出："这次会商的结果，对于保障和平、推动民主、加强团结、促进统一都有积极的

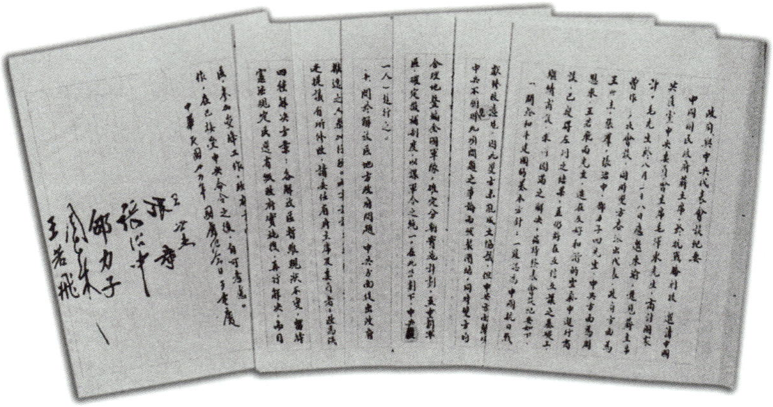

★《政府与中共代表会谈纪要》原稿。

作用。”

10 月 11 日，毛泽东由重庆飞返延安，在机场受到两万多军民的盛大欢迎。

抗日战争胜利后，国共双方在重庆举行的谈判，是中国国内政治生活中的重大事件。国内的和平是全国人民的希望。重庆《大公报》社评指出，“双十协定”的正式发表，使国家的命运有极大希望，“请努力向民主开步，这是毫无危险的坦途”，“解决现实，奔赴理想，还待大家继续努力”。

★第八节★

艰难时刻，敢于斗争

重庆谈判后，国内出现了短暂的和平。共产党的要求是有限的，只要国民党当局承认解放区的合法，在军队中保留共产党军队的份额，共产党就愿意参加联合政府。刘少奇在给毛泽东的电报中说：“我们真愿和平。”这的确是共产党人的心声。

蒋介石虽然与共产党签订了“双十协定”。但签字不久，蒋介石就向各战区秘密下达了《剿匪手本》。原来，在军队尚未调动部署就绪前，和平不过是蒋的权宜之计。

追求和平建国，但要保持共产党的合法与独立，是中共中央当时的立场和原则。有些民主人士对此并不认同。在重庆，《大公报》主笔王芸生曾劝告毛泽东：“共产党不要另起炉灶。”

毛泽东委婉地解释："不是我们要另起炉灶，而是国民党的炉灶里不许我们造饭。"不久，蒋介石就发起进攻了，战争的导火线，就是东北问题。

东北受日本侵略，沦陷十多年，现在东北光复了，国民党能去，共产党为什么不能去？共产党秘密派遣十万大军进军东北后，蒋介石终于摊牌了：东北是工业基地，战略要地，绝不能让给共产党。蒋介石调遣了最精锐的缅甸远征军，打着"接收东北主权"的旗号，一路北上，打出山海关。企图以"正统"的身份接管沈阳，还要把东北的共产党军队彻底消灭。

在东北，共产党的策略是一再退让。中央发电报给重庆代表团"让开大路，占领两厢"，即沈阳、长春等大城市让给国民党，在农村建立根据地。但国军不容许共产党的存在，步步进占，咄咄逼人。战争已经不可避免。

毛泽东指示林彪在四平布防，阻止国民党军队前进的步伐。1946 年 4 月，林彪把各路军队集合起来，真刀真枪地打了一个月的四平保卫战。这场大战规模空前，我军虽然给国民党军队以沉重打击，但也付出了巨大的代价。多年之后，韩先楚上将反思：四平保卫战，虽然毙伤敌人一万余，但在我军处于劣势的情况下，过多看重了一城一地的得失，与敌人进行不利条件下的作战，在战略上是失策的。我军虽然打得很英勇，也取得了作战的经验和教训，但付出了八千多战斗骨干伤亡的代价。后续我军果断撤退，摆脱了战略上的被动，保存了有生力

★ 四平市烈士纪念塔。

量。

1946 年 6 月 26 日，蒋介石在完成了大规模内战准备后，扯下了“和平”的假面具，撕毁了国共两党签订的停战协定，发动了对解放区的全面进攻。

全国内战爆发时，国民党军队的总兵力约有 430 万人，其中正规军 200 万人，86 个整编师 (军) 中 , 有 22 个美械、半美械装备。其中新编第一、第六军 , 整编第十一师、第七十四师以及第五军的装备尤为精良 , 编制充实 , 战斗力较强 , 被称为国民党军队的“五大主力”。而解放军的总兵力约 127 万人，其中野战军约 61 万人，地方部队及后方机关人员约 66 万人。

当时 , 解放军的武器装备虽然比抗日战争时期有所改善 , 但仍然是以步兵为主 , 有少量炮兵 , 没有海、空军。解放战争开始时，解放军的武器装备主要是缴获日、伪军的步兵武器及少量小口径火炮。解放军与国民党军队相比有很大的差距，主要是军种单一，重武器少，加上铁路、公路的大部分交通干线控制在国民党军队手里，部队的机动力量远不如国民党军队。

国民党决定采用全面进攻、速战速决的战略，以 193 个旅(师)约 160 万人的兵力向山东、华中、晋冀鲁豫、晋察冀、晋绥以及中原解放区发起全面进攻，企图在三至六个月内，首先消灭关内的人民解放军，占领解放区；然后再集中力量解决东北问题。

面对蒋介石挑起的内战，中共中央确定了以自卫战争粉碎国民党军队全面进攻的方针。6 月 19 日，毛泽东给关内各战区首长的电报中指出："蒋介石准备大打，恐难挽回；大打后，估计六个月内外时间，如我军大胜，必可议和；如胜负相当，亦可能议和；如蒋军大胜，则不能议和。因此，我军必须战胜蒋军进攻，争取和平前途。"

但是，双方兵力和实力如此悬殊，战争开始后解放区全面退守，很快丢失了许多重要城市和县城。有的干部信心不足，认为短时期内难以摆脱被动局面，有两位干部给中央送上一份报告，阐述他们对国内局势的看法。他们认为：中国经过八年抗战，人民势力得到发展与壮大，但还没有形成几省连成一片的根据地，目前又得不到国际援助。蒋介石的势力在抗战后加强了，又得到美国的援助，今后数年还可能加强军事、政治、经济方面的力量，敌强我弱的局面是明显的。

基于上述估计，他们建议：我党应采取保存力量、等待时机的方针。如采取让步求和平的方针，若能保存干部、军队和解放区，还是以让步求和平为宜。但估计蒋介石不会因我们让步而放下屠刀，那就只能坚决打下去。这个方针胜利把握不大，但如打得好可能取得打打停停，可以长期坚持。

这个报告的观点和疑虑，在当时是有普遍性的。国共力量对比差距太大，谁也不敢说我方肯定能打胜，但毛泽东不这样认为。7 月 6 日他在报告上批示："你们分析中许多观点是合乎实际的，是好的，但缺点是对美帝国主义及蒋介石的困难条件估计不足，同时对国际国内人民民主力量所具备的顺利条件也估计不足。……对美蒋的压力与要求，我们应当有所让步，但主要的政策不是让步，而是斗争。""如无坚决斗争精神，结果将极坏。"

其实，毛泽东做出这个决策，是经历了长时间痛苦的思考才提出的。胡乔木当时在毛泽东身边工作，印象非常深刻。他说："那个时候，我们党要下决心面对两个破裂（与美、蒋破裂）并不是一件容易的事情。1950 年派遣志愿军入朝作战，毛主席思考了三天三夜，最后才下了决心。这个情况传播很广，大家都知道。人们不大知道的是 1946 年年中我们准备同国民党彻底破裂，毛主席也反复思考了很长时间才下了决心。当然，国共

★《决战前夕》，作者：高虹。

两党最终是否破裂主要地不取决于我们的态度，但我党采取的方针策略却会对中国的前途产生决定性的影响。”

这是毛泽东的一个重大决策，也显示出他的魄力与胆量。在形势转折的关头，虽然中国共产党面临种种不利条件，但是毛泽东以坚决斗争的方针揭开了解放战争的序幕。

毛泽东多次说过：人不犯我，我不犯人；人若犯我，我必犯人；人先犯我，我后犯人。国民党撕毁和平协议，不仅不给共产党合法地位，还欲将共产党置于死地，所以毛泽东说：“事情就是这样，他来进攻，我们把他消灭了，他就舒服了。消灭一点，舒服一点；消灭得多，舒服得多；彻底消灭，彻底舒服。”中共中央终于抛弃了和平幻想，解放区军民团结一致，鼓起勇气，与国民党军队开始了坚决斗争。

★ 第九节 ★

隐蔽战线

1947年3月，国民党军队在胡宗南指挥下，向陕北解放区发起“重点进攻”。在敌强我弱的局面下，中共中央决定主动放弃延安。毛泽东委托刘少奇、朱德带领中央机关到河北西柏坡建立后方工作委员会，自己和周恩来、任弼时带领几十人的小分队，在陕北坚持斗争。毛泽东从全局考虑，认为只要他在陕北，就可以拖住国民党军队的一部分主力，缓解其他战区的压力。毛泽东在陕北转战一年，与胡宗南的大部队周旋，他所表现出来的大智大勇令老百姓都啧啧称奇：“毛主席神了，连胡宗南都得听他的指挥。”后来毛泽东身边的工作人员把这段经历写成回忆录，题目叫《胸中自有雄兵百万》。

乍一看，这是一件很冒险的事情。一旦被国军发现了踪迹，岂不是要遭受重大损失吗？其实，毛泽东不是拿生命冒险的人。他考虑问题是很周密和谨慎的，从不打无把握之仗。他之所以敢在陕北不走，是因为共产党出色的情报工作。

想打胜仗，最重要的条件是知己知彼。把敌人的情报搞清楚，自然就有了战胜的办法。自古以来的名将都非常重视情报工作。一条情报的价值，有时比千军万马还顶用。共产党自开展武装斗争以来，就重视秘密联络与情报工作。在长期斗争中，建立了卓有成效的情报系统。在陕北战役中，国军将领胡宗南的机要秘书熊向晖，就是共产党的情报人员。

国民党为何如此糊涂，让共产党人打进自己的核心机关？国民党的致命弱点，就是组织松散。抗战时期国共合作，共产党就利用这个机会，派大批地下党员打入国民党内部，或在国民党内部联络一些进步人士和爱国将领，建立秘密渠道。这个工作一直没有间断，很多关系当时看不到有什么直接的

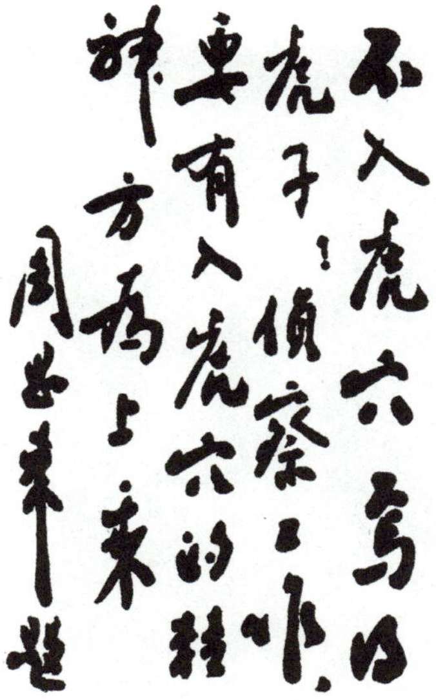

★ 周恩来题词：“不入虎穴，焉得虎子！侦察工作，要有入虎穴的精神方为上乘。”

效果，日后看来才发现的确是目光长远。

抗战初期，国民党号召知识青年参军，中国共产党地下党员熊向晖以清华大学的学生身份，投考到胡宗南的第一军。由于文化水平高，办事能力强，他很快得到胡的赏识，到抗战结束时已经成了胡的机要秘书。遵照周恩来的指示，他是长期潜伏，不到重要关头不行动，国民党当然不可能察觉。到 1947 年 3 月国民党准备大举进攻延安的前夕，熊向晖得到了国民党的详细作战方案。他仔细阅读后记在脑中，将抄件焚毁，然后找到西安地下联络点，将这一重要情报传了出去。当胡宗南向他的军长、师长传达作战命令时，在延安的毛泽东和周恩来已经看到了文件。如同两人打牌，胡宗南的底牌都让毛泽东看清楚了，这个仗还怎么打？

★ 熊向晖（1919—2005）

后来，熊向晖去国外留学了，他还担心自己走后谁来提供情报。熊不知道，西安中共地下情报系统还有一张王牌：胡宗南的机要室副主任戴中溶。

戴中溶（1909—

2007），上海嘉定人。1934 年毕业于上海交通大学电机工程系，毕业时正赶上胡宗南到交大招人，他便成了西北军中的一员。那时候戴中溶是个单纯的学生，他帮胡宗南建起了完备的军用无线电台系统，受到胡宗南的器重和信任。

1938 年，在妹妹的引导下，戴中溶希望参加革命。当时西安八路军办事处负责情报工作的吴德峰知道后，劝他留在胡宗南部队中，不要离开。从此，戴中溶成为中国共产党的秘密卧底。戴中溶这个重要的内线，在陕北战争中发挥了重要作用。胡宗南非常注意保密，许多机密电报熊向晖是看不到的，而戴中溶有机要室副主任的身份，能看到刚译出尚未送给胡宗南的来电和未译发的去电，如蒋介石发给胡宗南的电令和胡宗南向蒋介石报告的作战计划、兵力部署、部队调动等来去电文。

戴中溶说："我搞情报，不用偷，东西就在我面前，非常方便。我的主要任务是核对或收集重大的情报，一些情报到我这儿核实一下，另外也有其他线在收集情报，我的工作还是很简单的。我不写任何东西，不得不写的必须烧掉。……我干过的比较知名的情报工作，大概是提供胡宗南部队进攻延安的军事动向的情报吧，对保卫延安发挥了作用，中央曾发电给予嘉奖。"

戴中溶晚年正是谍战剧流行的时候，他说："上海、西安的电视台都到我这儿来过，想找点精彩的故事，结果没几天就走了。我说如果真的有你们想要的险象环生的故事，我哪里会等到 1947 年才被捕？哪里还能在胡宗南那儿待那么多年？惊险动作多了，还不早被暴露了？”

★ 戴中溶（1909—2007）

国民党毕竟还是有现代侦察手段的。胡宗南进攻陕北期间，一方面派飞机进行空中侦察，一方面有电台侦听。毛泽东对付这些也有办法。中央的小部队是昼伏夜行，让国民党的飞机看不见。中央的电台长时间保持静默，派小分队背着电台走相反的方向，发电报迷惑国民党的侦听。国民党军队在黄土高原转来转去，始终找不到中央机关的踪影。除了占领延安这座空城，连胡宗南自己都不相信占到了什么便宜。

所以，国民党军队虽然人多势众，但在情报方面一直处于下风。共产党依靠情报工作的优势，掌握了战争的主动权。解放军的每一个胜仗，都与准确地掌握情报分不开。拿平津战役来说，解放军与傅作义集团作战过程中，中国共产党北平地下党组织一直在向解放军提供及时准确的情报。当时地下党组织把傅作义的女儿发展成情报员，傅作义的一举一动，甚至心理和表情变化，都在共产党的掌握之中。根据这些情报，中共中央才指示平津前线指挥员，在作战的同时对傅作义进行政策攻心和争取。北平最后能够和平解放，就是正面战场和隐蔽战线相互配合取得的成功。

我们不禁要问：既然共产党能打进国民党的核心，国民党怎么不能派情报人员打入解放区获取情报呢？国民党尽管有庞大的特务系统，有先进的技术手段，但是在共产党和解放区严密的组织系统面前，显得束手无策。解放区的每个村庄和城市，共产党都有健全的基层组织。党支部、民兵队、儿童团，防奸防特是一项群众性的工作。地主富农都被村里监管起来，来个生人，到处都是警惕的眼睛。国民党特务想潜入解放区，站岗的儿童团那一关都很难通过。所以要想把电台运进解放区，在解放区里建立情报点，几乎是不可能的事情。国民党多次努力，都以失败告终，所以他们的情报始终不灵。例如，陈毅 1948 年初调到中原军区工作，华东野战军由粟裕指挥，但国民党徐州“剿总”一直不知道这个情况，在向蒋介石呈报的电报中一直认为陈毅是华野司令员。华东野战军发起淮海战役，从山东解放区大举南下，包围黄百韬兵团，战役已经开始了三天，国民党徐州“剿总”司令刘峙还搞不清楚解放军的主攻方向。

在解放战争期间，中国共产党隐蔽战线的工作人员冒着生命危险，提供了大量重要情报，对解放战争的胜利起了重要作用。有些情报人员不幸被捕，光荣牺牲。电影《永不消逝的电波》就描写了上海地下情报人员李白的英雄事迹。建国后，熊向晖随周恩来会见张治中、刘斐等起义的国民党高级将领。他们见到熊向晖，问："熊老弟，你也起义了？"周恩来笑着说："他可不是起义，是归队。是我们派他到胡宗南那里去的。"刘斐恍然大悟地说："怪不得胡宗南老打败仗。"

第四章

土地制度改革

地法大綱

第十节 土地制度改革运动的暴风骤雨

中国共产党领导的土地制度改革，是中国历史上前所未有的农村革命。1946年5月4日，中共中央发布《关于土地问题的指示》，即五四指示，指出：“在广大群众要求下，我党应坚决拥护群众在反奸、清算、减租、减息、退租、退息等斗争中，从地主手中获得土地，实现‘耕者有其田’。”从1946年起，解放区广大农村陆续开始了土地制度改革。1947年9月全国土地会议之后，于10月颁布了《中国土地法大纲》，把土地制度改革运动推向了高潮。

中国农村有长达两千年的封建社会基础，地主和乡绅是乡村的掌控者。中国共产党在经历了大革命时期城市革命失败的

★ 1947 年底，解放区人民积极学习与宣传《中国土地法大纲》。

教训后，毛泽东走出了一条以农村为基础，农村包围城市的武装革命道路。广大贫苦农民是共产党依靠的基本力量。要动员千千万万的农民拥护革命，全心全意地参加革命，就必须摧毁封建地主阶级在农村的统治，使贫苦的农民得到土地。

抗日战争时期，由于统一战线的需要，抗日根据地实行的民主改革是减租减息，在维持原有土地关系的基础上，尽可能使贫雇农的生活有所改善。有些地主参与抗日民主政权，自愿减少租税和献出部分土地，被称为“开明绅士”，但他们在农村中的地位和影响依然存在。地主以其经济实力、政治地位、宗族关系等优越条件控制着乡村的一切，不是改良和妥协能够改变的。中国共产党要建立一个新的社会，就必须铲除地主阶级在农村的基础。这是一场彻底的民主革命。

从1946年起，陕甘宁、华北、山东的老解放区陆续开始了土地制度改革。1947年土地会议后，各级干部组成工作队深入农村开展清算斗争。在大大小小的斗争会上，面对贫雇农血泪的控诉，那些平日在村里不可一世的地主低下了头。农民群众把地主叫到会场，问他："你会盖房子？""我不会。""你会种地？""我不会。""你既不会盖房，又不会种地，你的财产从哪里来的？"一切都是劳动人民的。

农民起来诉苦，控诉地主的罪恶，从地主手里收回自己的土

★ 土改运动中，农民热烈拥护党的土地政策。

地、房屋、血汗。“土地还家”，平分地主的土地、房屋、牲口、耕具、粮食、衣服、家具，而且追出地主的隐蔽财产来。

翻身以后的农村换了新面目。砖瓦门楼好房子里，住上了一辈子辛勤的老农民。他们家家户户去掉了灶王爷，挂上了毛主席像，门口的横联是“劳动门第”而不是“诗书门第”，广大农民欢欣地呼喊着“有了房子地，摆上桌子柜，头顶的足踏的都是自己的”。1948 年旧历正月的时候，五六十岁的老人穿上了自己分到的好衣服，到处扭起秧歌来，歌唱着翻身以后衷心的快乐，颂扬自己的翻身斗争。

在土地制度改革过程中，陕北米脂杨家沟是一个典型。杨家沟是闻名陕北的“地主窝”，马氏宗族通过土地租赁、粮食贸易等方式积累钱财，重视教育，保持家族的繁荣和延续。到 1940 年，杨家沟有堂号地主 50 余户。

★“劳动人民翻身纪念碑”，位于陕西今米脂县杨家沟革命旧址。

杨家沟土地制度改革运动中最重要的斗争是“打地主阶级的威名”。所谓“打威名”就是除了夺取地主土地和财产外，还要在精神上打掉他们的威风。在“打威名”运动中，马氏宗族文化和象征物几乎被摧毁殆尽。村中有 17 座碑，原为马家后代颂扬祖先所立的功德碑，它们在 1947 年土改运动中被砸毁。马氏各支的祠堂及祖先牌位也被拆毁，然后就地立起一座“劳动人民翻身纪念碑”。

分到了土地和窑洞，穷人翻身的感觉是明显的。杨家沟一位老干部说：“旧前（解放前）我们是寸地没有的，一寸地也没有，一棵树也没有，要说有一棵树就是灯树（油灯）。共产党、毛主席来了，土改，都安家落户，都分地分窑。全国的事咱解不下（不懂），拿这儿来说啊，就属我们村的人沾光沾得大了。咋介沾光了？分到地，分到窑，自家就不要出租子。”

杨家沟最好的窑洞建筑是马新民修建的“新院”，马新民是大学毕业生，回家乡办学堂，曾任边区参议员，属于开明绅士。他的“新院”坐落在“九龙口”山峁上，暗喻九条龙，穿廊挑石雕刻八条龙，将西方建筑风格和陕北窑洞建筑文化融为一体，既体现了西方建筑之典雅，又反映出陕北窑洞建筑之雄浑，堪称中西建筑风格结合的典范。

1946 年秋冬至 1948 年春，米脂杨家沟先后进行了几轮土地制度改革。地主的土地被没收了，浮财清算了。革命过后，杨家沟变成了“受苦人”“揽工汉”的天下。马新民被农会勒令搬出“新院”，到山下去住。土地制度改革在中共中央的领导下，获得了显著的成果。

★ 毛泽东旧居及其雕像，陕西米脂县杨家沟革命旧址。

1947 年 11 月，中央机关驻在葭县。冬季来临，需要找个地方过冬。毛泽东把警卫参谋汪东兴找来说："听说米脂有个杨家沟，条件不错，你们去看看。"汪东兴很快和地方政府布置好，将中央机关迁移到杨家沟。

毛泽东来到杨家沟村"扶风寨"门前，被眼前一排排整齐的窑洞和独具风格的庄园设计深深地吸引了。凝视良久，赞叹道："这窑洞和村寨整齐、漂亮，还是新的，比你们画的还要好，杨家沟果然名不虚传！"

汪东兴带毛泽东来到"新院"，安排主席住在这里。毛泽东在院子里走了几步，回过头来问汪东兴："恩来住在哪里？"汪把毛泽东领到新院西头的两孔窑洞，说这是周恩来住的地方。

毛泽东又问："弼时住在哪里？"汪指着上面的院子说："弼时、定一、乔木同志住在上面的院子里，这两个院子离得最近，窑洞都是石砌的，比较宽大，结实。"

毛泽东又问："这个地方叫杨家沟，听说不少住户姓马不姓杨，这家的房主姓什么？"

汪东兴说："这家房主叫马新民，是大学生。"

毛泽东说："哦？还是知识分子。他现在住在哪里？"

汪东兴说："搬到下面的院子去住了。"

毛泽东听后，很有感触地点点头。土地制度改革后，马新民没有回过"新院"，当他知道是毛主席住在那里，心里充满了自豪感。

安顿好毛泽东，汪东兴又去看周恩来、任弼时、陆定一、胡乔木等领导同志的情况。他们正在窑洞收拾行李，见汪东兴进来，高兴地说："一年多没住过这么宽敞的房子了，还有带炉子的地炕，窑洞里热得不得了，这下子冬天好过了。"

在杨家沟，中共中央召开了具有历史意义的十二月会议，提出了"打倒蒋介石，解放全中国"的战略目标。毛泽东在这里指挥全国的解放战争，直到 1948 年 3 月东渡黄河。

★ 第十一节 ★

政策和策略是党的生命

土地制度改革是一场前所未有的革命，也会产生许多问题。首先是政策界限，谁是地主，谁是富裕中农？谁该斗争，谁该保护？地主家的财产没收到什么程度为止？没收的牲口、农具、衣服怎样分配？这些都是很具体的问题。但是在暴风骤雨的形势下，来不及对这些问题做深入细致的考虑。

土改运动中，地主为了逃避斗争，预先将财富埋藏在炕洞、锅台、鸡窝、猪圈里。有的地主将家产化整为零，报中农成分；有的地主去找当干部的亲属、朋友寻求保护。

土改运动广泛发动后在一个时期内曾发生“左”的偏向，许多本来不是斗争对象的富农和中农也被没收，一些军队干部战士的家属也受到冲击。这些“左”的行为，使许多干部产生了疑问和反感。

1947 年 7 月，中央工作委员会在河北建屏县（今属平山县）西柏坡村举行全国土地会议。各解放区代表团分别汇报当地的土改情况，反映土改中出现的强迫命令、贪污果实、包庇坏人甚至乱打乱杀等问题。主持会议的刘少奇经过反复思考，于 1947 年 8 月 4 日给毛泽东起草了一个报告，分析土地制度改革运动中的问题和错误倾向，提出解决问题的办法。

毛泽东在陕北不断接到各地报告，有的打击中农，有的进城没收商店，有的基层组织陷于瘫痪，更严重的是一些地方任意打

★ 刘少奇在全国土地会议上作报告。

人。在抗日战争期间与我党密切合作的开明绅士，也受到迫害。毛泽东极为忧虑，这样搞下去，不但不能实现平分土地、建立农村新经济基础、壮大解放区力量的初衷，反而会引起农村的混乱，甚至出现更危险的局面。

毛泽东与任弼时等日夜研究如何扭转这股“左”风。1947年12月杨家沟会议，毛泽东意味深长地给大家谈起历史的教训。他说：内战时期（指土地革命战争）主要的特点是“左”。地主不分田，富农分坏田，损伤了一部分中农，这些都是“左”。

如何纠“左”？毛泽东认为最关键的是成分划定。土地制度改革如果把成分划错了，把不该打击的人打击了，那就犯了方向性的错误。毛泽东想起1933年在江西中央苏区搞查田运动时，他曾写过一个小册子《怎样分析农村阶级》，比较明确地讲过划分阶级成分的问题。毛泽东决定将这个文件发往各解放区。

这次杨家沟会议，中央起草了一个决议。提出了土改运动中避免对中农、小工商业、知识分子采取冒险政策，照顾开明绅士，区别解放区中劳动致富的新富农与旧富农的界限，不应过分强调斗财产，对地主富农给生活出路，严禁乱打乱杀等十项政策。

1947年12月，毛泽东为中共中央起草了《关于目前党的政策中的几个重要问题》的指示，纠正了土地改革中“左”的偏向，毛泽东指出：“‘贫雇农打江山坐江山’的口号是错误的。在乡村，是雇农、贫农、中农和其他劳动人民联合一道，在共产

★《党的十二月会议》，作者：靳尚谊。

党领导之下打江山坐江山，而不是单独贫雇农打江山坐江山。”

中共中央西北局书记习仲勋在陕北子洲、子长县调研时，发现“左”的偏向的种种表现：一些人浑水摸鱼，把土改变成大吃大喝，五六十个百姓住在地主家里，杀羊宰鸡，临走时又乱拿一顿。习仲勋在给中央的电报中十分痛心地指出：“我看一有‘左’的偏向，不到半月，就可把一切破坏得精光。”

毛泽东立即复电习仲勋：一、来信完全同意；二、望坚决纠正“左”的偏向。毛泽东将习仲勋的电报转发各解放区，并批示：“完全同意仲勋同志这些意见。华北、华中各老解放区有同样情形者，务须密切注意改正‘左’的错误。”

1948 年初，河北永年县委书记李新带着工作队下乡，搞土改复查和整党工作。刚到施庄，就碰上一个中年妇女抱着孩子走进来，哭喊道：“李政委，救救孩子吧！孩子烧了好几天，没有医生，没有药铺，怎么办呀！”李新问：“医生呢？药铺呢？”一旁的派出所所长回答：“上次土改复查，大伙儿把工商店铺里的东西全分了，连药铺里的药也分了。药铺没有了，医生只好走了。”

李新在党员干部会上教育大家：“平分土地不是平均主义，谁叫你们把药铺都分了？结果孩子病了急得团团转。这叫什么彻底，这叫透底。好比一口锅，把锅底都砸透了，还能煮饭吗？”

1948 年春季，各解放区不同程度地发生了春荒。土地无人耕种，牲口大量死亡。粮荒的主要原因是前一段时期农村的生产几乎陷于瘫痪。人们都忙着斗争地主、分浮财，还有几个下地劳动的？该耕地时没耕地，该积肥时没积肥，缺牲口耽误了播种。1947 年下半年的土改“左”风，使农村经济遭受了很大的破坏。地主、富农家的牲口都被没收。贫农家没有马棚、草料，也缺乏饲养经验。马匹得不到照顾，在冬季严寒和春季缺粮时，就出现了大量死亡的现象。

1948 年春季，河北永年县出现了 10 万需要救济的灾民。当时救济粮只有 50 万斤，根本不够吃的。李新和县委的同志们研究生产救灾，决定搞副业和经商，可资金从哪里来？李新决定依靠农民纺织来解决问题。当地组织了生产合作社，公家把棉花贷给村民，织成布以后由公家销售到东北解放区。资金周转回来后还上贷款，同时开展多种经营，度过了春荒。

中共中央正确的方针政策，切实纠正了各种“左”的偏向，使土地制度改革运动走上了健康发展的正轨。通过参与土改运动，广大农民的觉悟有了很大的提高。他们开始关注身边的事情，在会议上发表意见。他们不再是任人宰割的弱者，而是具有新思想、新意识的革命者。这是一个历史性的巨变。当千万农民中蕴含的能量被释放出来，就会变成改造世界的强大动力。

一个美国人韩丁（Wiliam Hinton）当时在晋冀鲁豫区的北方大学任教，1948 年春，他随土改工作队到山西潞城县的张庄，亲身体验土改运动。他与工作队的同志一起住在破旧的民房里，和老乡们一起吃莜麦面疙瘩汤，学着大家脱下棉袄抓虱子。他天天饶有兴趣地观察农村中发生的巨大变化：他参加成分评定的会议，看那些不识字的农民在认真计算各家的财产，街上张榜贴出评定成分的结果；他参加妇女会组织的会议，听一位女青年诉说包办婚姻给她造成的痛苦，要求政府批准她离婚；他参加了干部公开整党的会议，看那些农民们批评干部在村里打骂群众的错误，干部们站起来做检讨。在短短几个月内，韩丁看到了一个发生着巨大变化的农村，这不仅仅是获得一些土地和财产的革命，而是一场彻底改变农村面貌的革命。他认为用“翻身”这个词来形容这场革命，是非常贴切的。

土地制度改革彻底改变了农民的命运。这些千年来受压迫的穷苦大众，第一次获得了政治地位，当家做了主人。土改消灭了农村的封建关系，改变了经济结构，极大焕发了农民的革命和生产积极性。他们在自己的土地上耕作，为保卫自己的政权而战。在 1948 年下半年国共双方的战略决战时，上百万的农村青年踊跃参军，成为解放军中的骨干力量。更有几百万农民参加了各种支援前线的活动，为解放战争的胜利流汗流血。

第五章

夺取全国胜利

★第十二节★

将革命进行到底

辽沈、淮海、平津三大战役中，国民党军队比人民解放军拥有更好的装备，但是都打了败仗，美国援助的大量军用品成了人民解放军的战利品。美国驻华军事顾问巴达维将军在1948年11月给美国政府的报告中说："自我到任以后，没有一仗是由于缺乏军火装备而被打败的。他们（国民党）的军事败绩完全是由于世界上最拙劣的领导及其他许多败坏士气的因素造成的。这些因素导致了战斗意志的彻底丧失。"魏德迈将军对国民党被共产党打败是这样说的："缺乏意志。主要是缺乏意志，而不是缺乏装备。"美国对蒋介石政权彻底失望了。

美国幕后策划、扶植李宗仁等反对派，逼迫蒋介石下野，把权力移交给李宗仁，以便和共产党谈判，提出划江而治的“南北朝”方案。他们认为，国民党军队还有力量，解放军没有军舰，是难以越过长江的。

知识分子对国民党不抱幻想，但是他们对共产党又有怀疑。一些“自由主义”的知识分子曾提出“第三条道路”，幻想走西方资产阶级民主之路。但是国民党的腐败和对民主人士的镇压，使越来越多的知识分子投向了革命。然而也有人在历史重要关头栽了跟头，他就是张申府教授。这位当年中国共产党的创始人之一，周恩来、朱德的入党介绍人，因为不赞成武装斗争而中途脱党，此后作为民主人士，在国共之间周旋。1948 年 10 月 23 日，张申府在《观察》杂志发表了《呼吁和平》一文，要求双方停止战争、恢复和平，并提出了一个公式，那就是“民主，和平，统一”。必须先民主了，然后才能和平；必须和平了，然后才能统一。如果双方都要和平，那就应该立即停下来，而不该再打！

在国民党土崩瓦解的时候，张申府如此呼吁停战，只能对国民党有利。民盟同人谴责他的错误立场，开除了张申府的盟籍。

面对这些言论，共产党人如何应对？毛泽东胸有成竹，于 1949 年 1 月 1 日发表了气壮山河的新年献词——《将革命进行到底》，开门见山地宣告：

中国人民将要在伟大的解放战争中获得最后胜利，这一点，现在甚至我们的敌人也不怀疑了。

毛泽东笔锋一转，痛斥了国民党反动派和帝国主义势力的“和平”阴谋，表示了将中国革命进行到底的坚定信心，他写道：

敌人是不会自行消灭的。无论是中国的反动派，或是美国帝国主义在中国的侵略势力，都不会自行退出历史舞台。……是将革命进行到底呢，还是使革命半途而废呢？如果要使革命进行到底，那就是用革命的方法，坚决彻底干净全部地消灭一切反动势力，不动摇地坚持打倒帝国主义，打倒封建主义，打倒官僚资本主义，在全国范围内推翻国民党的反动统治，在全国范围内建立无产阶级领导的以工农联盟为主体的人民民主专政的共和国。这样，就可以使中华民族来一个大翻身，由半殖民地变为真正的独立国，使中国人民来一个大解放。

人民日報

向黨中央、向毛主席致敬！向朱總司令暨前綫將士致敬！

將革命進行到底

一九四九年新年獻詞

中共中央致電祝賀華北前綫我軍偉大勝利

華北軍區首長慰電全區傷病員同志

希望安心休養早日恢復健康

*《人民日报》发表的毛泽东撰写的 1949 年新年献词《将革命进行到底》。

为了说明将革命进行到底的必要性，毛泽东生动地引用了古希腊的一段寓言：

“一个农夫在冬天看见一条蛇冻僵着。他很可怜它，便拿来放在自己的胸口上。那蛇受了暖气就苏醒了，等到回复了它的天性，便把它的恩人咬了一口，使他受了致命的伤。农夫临死的时候说：我怜惜恶人，应该受这个恶报！”外国和中国的毒蛇们希望中国人民还像这个农夫一样地死去，希望中国共产党，中国的一切革命民主派，都像这个农夫一样地怀有对于毒蛇的好心肠。但是中国人民、中国共产党和中国真正的革命民主派，却听见了并且记住了这个劳动者的遗嘱。况且盘踞在大部分中国土地上的大蛇和小蛇，黑蛇和白蛇，露出毒牙的蛇和化成美女的蛇，虽然它们已经感觉到冬天的威胁，但是还没有冻僵呢！

毛泽东豪迈地宣布了中国共产党 1949 年的任务：

1949 年中国人民解放军将向长江以南进军，将要获得比 1948 年更加伟大的胜利。

1949 年我们在经济战线上将要获得比 1948 年更加伟大的成就。我们的农业生产和工业生产将要比过去提高一步，铁路公路交通将要全部恢复。人民解放军主力兵团的作战将要摆脱现在还存在的某些游击性，进入更高程度的正规化。

1949 年将要召集没有反动分子参加的以完成人民革命任务为目标的政治协商会议，宣告中华人民共和国的成立，并组成共和国的中央政府。这个政府将是一个在中国共产党领导之下的、有各民主党派各人民团体的适当的代表人物参加的民主联合政府。

毛泽东的这篇文章，揭露了南京政府和美国方面的“和谈”阴谋，澄清了民主人士的模糊观念，给战斗中的中国共产党党员、人民解放军官兵和广大群众指明了方向。

在国民党内反对派和美国政府的双重压力下，1949 年 1 月 21 日，蒋介石被迫“引退”下台，李宗仁以“代总统”的身份主持南京政府。之后蒋介石乘飞机离开南京，回到奉化溪口的老家。当时人们认为，蒋介石的政治生涯结束了。实际上蒋介石清醒地意识到，国民党在大陆是败局已定，必须另寻出路了。

蒋介石召集亲信秘密商讨，一旦战败，国民党迁往何处。有人建议模仿抗战时期，迁往大西南。张其昀建议蒋介石撤往台湾。他的分析很合蒋介石的心意，一个重大决策开始酝酿。

蒋介石委派亲信陈诚和儿子蒋经国先去台湾，把台湾的大权紧紧抓在自己手里。然后，蒋介石开始秘密实施撤退计划。首先是搬运上海中央银行的黄金储备。蒋介石密令中央银行总裁俞鸿钧将库存的黄金储备运往台湾，而南京国民党政府行政院和财政部均不知情。为此俞鸿钧亲自组织了一个机密工作小组，将金银装箱，趁着半夜将一箱箱金银装上停靠外滩的军舰。这个大搬运持续了几个月，直到上海解

★ 国民党由大陆运到台湾的国有资产，总值在五亿美元左右。

放前，蒋介石共搬走了价值5亿美元的国有资产，给共产党留下一个一穷二白的烂摊子。

尽管李宗仁政府派代表团来北平和谈，但是中共中央不会再给国民党喘息的机会了。此时已没有任何力量能够阻挡中国革命前进的步伐。1949年4月20日，中国人民解放军横渡长江，4月23日占领了国民党的统治中心南京，把红旗插在总统府上。南京政府如鸟兽散，李宗仁逃到广州，蒋介石则乘军舰逃往台湾。毛泽东兴奋地写下了《七律·人民解放军占领南京》："宜将剩勇追穷寇，不可沽名学霸王。天若有情天亦老，人间正道是沧桑。"再次表达了将革命进行到底的决心。

第十三节 七届二中全会

1948年5月底，毛泽东从陕北来到河北建屏县西柏坡，与中央后方工作委员会会合，指挥三大战役，布局解放战争最后阶段的战略方针。

这是毛泽东革命生涯中最紧张繁忙的时期。三大战役期间，毛泽东和中央领导人忙得连吃饭的时间都没有，睡眠时间更是少得可怜，他曾多次连续两三天不睡觉，平时每天也仅仅是休息三四个小时。

身边的工作人员看在眼里，急在心里，担心主席累垮了。毛泽东知道后，对工作人员说："你们不要为我吃东西费心费力，一个星期给我吃两次肥肉，那就足矣。"

1949 年是天翻地覆的一年，中国共产党即将夺取全国的胜利。毛泽东并没有沉浸在喜悦之中，而是在考虑建立新政权的一系列更长远、更重要的问题。他冷静客观地告诫全党同志：夺取胜利虽然不远了，但建立政权后的工作更加任重道远。要防止骄傲情绪的滋生，时刻保持清醒的头脑和谦虚谨慎的作风，不断结合新的形势提出新的任务，使大家不断向前，勇于进取。

1949 年初，西柏坡来了几批客人。1 月 31 日至 2 月 8 日，苏共中央政治局委员米高扬奉斯大林之命秘密到达西柏坡。中苏关系是毛泽东考虑的头等大事。夺取人民解放战争的胜利和建立新政权后，需要得到苏联的援助。此前，毛泽东几次要求访问苏联。斯大林觉得中国革命处在关键时期，毛泽东不宜离

★ 1949 年 1 月 31 日至 2 月 8 日，苏共中央政治局委员米高扬一行人来到西柏坡。图为毛泽东接见米高扬等人。

开，因此派米高扬秘密来访，详细了解中国革命的情况。

中共中央非常重视此次来访，1 月 31 日下午，米高扬一行从大连飞到石家庄机场，又坐了 6 个小时车来到西柏坡。毛泽东亲自出来迎接。接下来的几天会谈中，中共中央五大书记与米高扬在政治、经济、军事、外交、外援等方面进行了会谈，毛泽东详细讲述了中国共产党党史，让苏共真正了解了中国共产党。在离开西柏坡时，米高扬对担任翻译的师哲说：毛泽东有远大的眼光、高明的策略，是很了不起的领袖人物。你们党的领导是坚强的，这是取得胜利的保证。

毛泽东谈到了中国共产党的外交方针，以“一个中国”为基本原则，新中国将加入苏联的社会主义阵营，以获得苏联的全面援助，称为“一边倒”。对西方国家则采取“另起炉灶”和“打扫干净屋子再请客”的办法，不承认国民党政府与各国建立的旧的外交关系，也不急于取得西方国家的外交承认。取消帝国主义在华特权，维护中国独立自主。

民主人士也来到西柏坡。1 月 25 日，中国民主促进会的雷洁琼、中国民主同盟会的费孝通等从北平来拜访中共中央，受到毛泽东等五大书记的接见。毛泽东平易近人，谈起国内形势、了解民主党派知识分子的情况，以及解放后的经济建设和科学、教育、文化事业发展设想。民主人士听了毛泽东敞开心扉的谈话，都非常兴奋，钦佩不已，深深感受到毛泽东的学识渊博、高瞻远瞩。

这次会见，对雷洁琼、费孝通等民主人士教益极大，坚定了他们与共产党合作的决心。个别民主人士对共产党有不切实际的要求，例如罗隆基提出：中国应该实行协和外交政策，不要向苏联一边倒；民盟要有自己的政治纲领，可以退出联合政府，成为在野党。他想在新中国实行西方的议会制度，遭到多数民主人士的反对。

2 月 22 日，西柏坡又来了一批特殊客人。有代表李宗仁国民政府前来和谈的上海人民和平代表团颜惠庆、章士钊、江庸和以私人资格前来的邵力子，还有刚刚在北平宣布起义的将领傅作义、邓宝珊。

傅作义是带着请罪的心态来的，见到毛泽东，他立正说：

★ 章士钊等在西柏坡与中共领导人合影 。右起：周恩来、江庸、颜惠庆、章士钊、邵力子、杨尚昆。

“我有罪。”毛泽东说：“北平和平解决最好，你这是为人民做了一件大好事！”

毛泽东接着说：“假如说，你过去有错的话，那么现在功过权衡，还是功大于过，……北平是举世闻名的文化古都，八国联军欺负我们，烧毁了圆明园，破坏了许多名胜古迹，订立了一系列不平等条约，如果我们中国人自己打起来，把紫禁城打毁了，闻名古都被破坏了，我们的子孙后代是会骂我们的。”这一席话，使傅作义非常感动。

22 日上午，周恩来会见傅作义。周恩来说：“傅先生以人民利益为重，使北平问题得以和平解决，避免了战争的灾难，……我们欢迎你和我们合作。”“原来要在解放区召开民主党派和无党派人士的会议，成立中华人民共和国临时政府。现在北平解放了，这个会议可以在北平开。你可以参加这个会议，你是有功将领，参加会议是有代表性的。”

22 日下午，毛泽东再次与傅作义进行了开诚布公的交谈。在座的还有上海人民和平代表团的几名代表。毛泽东和代表团成员互致问候，赞扬他们办了一件有益的事情。当毛泽东问到傅作义以后愿意做什么工作时，傅作义说：“我想，我不能在军队里工作了，最好让我回到黄河河套一带去做点水利建设方面的工作。”

毛泽东说：“你对水利工作感兴趣呀？那黄河河套水利工作面太小了，将来你可以当水利部长，那不是更能发挥作用吗？”

后来，在进北平的途中，毛泽东特别交代周恩来：对做过贡献的各民主党派领导人，应该在政府里安排职务。

接待了几批客人后，许多问题在毛泽东脑海中酝酿。建立一个新政权比打天下更难，需要解决许多问题：城市政策和管理、恢复和发展经济、团结各方面的力量、外交政策、新政权的体制和架构，这些问题共产党都没有成熟的经验，但又必须着手解决。对于即将到来的新中国，中央必须有全面的战略构想和相关政策。

中央考虑有必要召开一次中央全会，来商讨这些问题。2 月 11 日，中共中央发出《关于召开七届二中全会的通知》。这是一次在中国革命的转折关头召开的会议，不仅描绘了新中国的宏伟蓝图、确定了新中国的大政方针，而且旗帜鲜明地提出“两个务必”，具有重大的历史意义。

3 月，初春的西柏坡生机盎然。从各解放区和战场上赶来的林伯渠、张闻天、彭德怀、贺龙、陈毅、邓小平等党政军领导带着一路风尘，汇聚在这偏僻山村。战友们久别重逢，热烈地拥抱、握手，他们带来了胜利的喜悦，也充满了对新中国的美好憧憬。

1949 年 3 月 5 日至 13 日，党的七届二中全会在西柏坡召开。

七届二中全会的会场设在西柏坡中央机关食堂，其实就是中央工委自己动手修建的一间大土坯房。会场很简陋，但朴素而庄严。会场正面挂着一块绛紫色的幕布，幕布上悬挂两面绣有

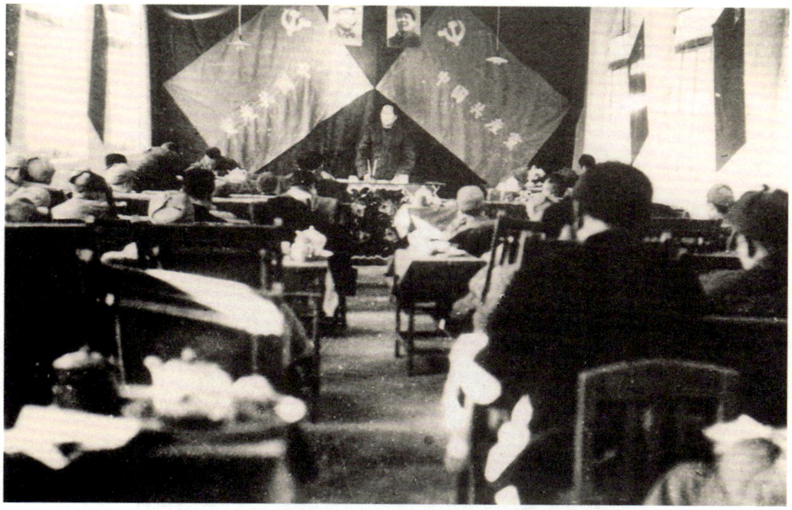

★ 中国共产党第七届中央委员会第二次全体会议会场全景。

“中国共产党”字样的党旗，党旗上方是毛泽东和朱德的画像。

七届二中全会召开时，会场坐得比较随意，毛泽东坐在主席台上，发言的人站在主席台右边。会场前面摆放着两排双人沙发，不设座位牌。几位书记和年岁大的同志坐在沙发上，其他人随来随坐，可见当时党内民主和宽松的气氛。

毛泽东在全会上代表中央政治局作了报告，主要内容有：

1. 党的工作重心应从乡村转向城市，要立即着手各项建设事业，一步一步地学会管理城市和建设城市，并将恢复和发展城市中的生产作为中心任务。

2. 规定了党在全国胜利以后在政治、经济、外交方面应当采取的基本政策，明确了中国由新民主主义社会转变为社会主义社会的总任务；希望五月占领南京，然后在北平召集政治协商会

★ 毛泽东在党的七届二中全会上作报告。

议，成立联合政府，并定都北平。

3. 加强党的建设，要求全党在胜利面前保持清醒头脑，在夺取全国政权后经受住执政的考验。

毛泽东在全会上对全党提出了告诫，就是经典的“两个务必”：

因为胜利，党内的骄傲情绪，以功臣自居的情绪，停顿起来不求进步的情绪，贪图享乐不愿再过艰苦生活的情绪，可能生长。因为胜利，人民感谢我们，资产阶级也会出来捧场。敌人的武力是不能征服我们的，这点已经得到证明了。资产阶级的捧场则可能征服我们队伍中的意志薄弱者。可能有这样一些共产党人，他们是不曾被拿枪的敌人征服过的，他们在这些敌人面前不愧英雄的称号；但是经不起人们用糖衣裹着的炮弹的攻击，他们在糖弹面前要打败仗。我们必须预防这种情况。夺取全国胜利，这只是万里长征走完了第一步。……中国的革命是伟大的，但革命以后的路程更长，工作更伟大，更艰苦。这一点现在就必须向党内讲明白，务必使同志们继续地保持谦虚、谨慎、不骄、不躁的作风，务必使同志们继续地保持艰苦奋斗的作风。

"两个务必"言简意赅，深刻地回答了共产党人应该如何正确面对胜利和执政考验的问题，提醒全党同志戒骄戒躁、居安思危，始终克己奉公、勤政爱民。毛泽东的教导，在新中国成立后的日子里一直作为共产党人的执政理念和座右铭。

根据毛泽东的提议，七届二中全会立下六条规定：一、不祝寿；二、不送礼；三、少敬酒；四、少鼓掌；五、不以人名作地名；六、不要把中国同志同马恩列斯平列。

会议通过当天，毛主席便指示工作人员把会场上的毛泽东、朱德画像摘下来，率先给全党做榜样。

全会结束后，中共中央感到形势发展迅速，需要迁移到北平。1949 年 3 月 23 日，西柏坡春风和煦。毛泽东率中共中央机关和解放军总部前往北平。临上车，毛泽东对周恩来说："今天是进京的日子，进京赶考去。”

周恩来笑着说：“我们应当都能考试及格，不要退回来。”

毛泽东说：“退回来就失败了。我们决不当李自成，我们都希望考个好成绩。”

至此，中国历史翻开了崭新的一页。

第十四节 开仓济贫到正规接管

1947年解放战争进入战略进攻阶段后，解放军陆续攻克了一些中等城市。城市里有钱有物资，如何处理就成了一个新问题。襄樊战役结束后，各部队为战利品问题发生争执，竟然酿成伤亡事故。刘伯承司令员非常恼火，作战有功也不能违法乱纪。他在通报中严厉批评了个别部队的本位思想和违法违纪的军阀行为，对顾大局、守纪律的部队给予表扬，并从战利品中分一部分物资给他们，不能让老实人吃亏。

在另一战场上，中原野战军的陈赓兵团和华东野战军的陈士榘兵团合作，攻打洛阳。鉴于许昌战斗中有人“发洋财”犯纪律的教训，两个部队首长共同商定了严格的城市纪律和政策。

指挥部成立了中国共产党洛阳市工作委员会，统一领导城市接管工作。工委第一次会议决议指出："洛阳是个很重要的地方，可能还要经过反复争夺，但最后一定是我们的。因此我们的各种工作，虽然都有一定步骤，但应该长期打算着眼，……在工作上要以慎重为主，宁放过一个，不要搞错一个，宁愿少做一点，不要做错一点。"城市接收和善后工作"一切要求统一，不能各自为政"。

以往解放军攻占县城，往往出现混乱情况。一方面是各部队自己接管物资，有的占了银行，有的占了商店，谁搬走归谁。上级规定统一分配战利品，有的部队打埋伏，不肯如实上缴。另一方面是开仓济贫，把带不走的物资分给老百姓。这种"开仓济贫"的方式，已经不适用于新形势了，认为应当制止。洛阳工委给中共中央的报告中说："开仓济贫口号已深入城市，如说'你们要乡下人翻身，不叫城里人翻身不行'；'乡下人分田，城里人分东西'。群众去抢仓库，我看守士兵劝阻无效时鸣枪威胁。群众说：'解放军是叫我们活，不是叫我们死，枪朝天上打不会伤人。'有一两个胆大的一带头，蜂拥而入，抢个精光。卫兵只好望着，啼笑皆非。洛阳市民特别贫苦，有的中学教员、医院老板也有一起去的。这种抢法有的发了财，有的还是挨饿。……抢风一起，常没收商家与富户，人心惶惶，市容难以恢复。今后须有足够兵力保护物资，实行有组织、有计划救济，严防抢劫行为，甚为重要。"

毛泽东对洛阳工委的报告非常重视。随着解放军占领的大城市越来越多，必须建立严格的城市政策。把城市搞乱了，既不利于稳定局势和民心，更不利于今后的建设。他指示陈赓等：

此次再克洛阳，可能巩固。关于城市政策，应注意下列各点。

一、极谨慎地清理国民党统治机构，只逮捕其中主要反动分子，不要牵连太广。

二、对于官僚资本要有明确界限，不要将国民党人经营的工商业都叫作官僚资本而加以没收。

三、禁止农民团体进城捉拿和斗争地主。

毛泽东强调：解放洛阳后，“一切作长期打算”。“城市已经属于人民，一切应该以城市由人民自己负责管理的精神为出发点”。电报转发给其他战区的领导同志，这个指示不但适用于洛阳，也适用于一切新解放的城市。

解放军攻克洛阳后，洛阳工委从各纵队政治部抽调了近两百名干部搞城市接管工作。规定各部队完成作战任务后，只在战场上收集人马枪支，其余重要仓库、整批物资和财产（如银行）均由工委负责接收处理。对城市工商业予以保护，对工商业者不借款、不没收，鼓励其正常营业。接收国民党政府的资产、银行、仓库，清查逮捕城内的国民党特务、骨干和反动军官。对一般的军政机关职员和编余军官，只要到工委登记，并保证不做违法的事，可以宽大处理。保护学校和知识分子，保护宗教的财产（教堂、寺院）和外国传教士，保护名胜古迹、图书、古物和艺术品。对遭受战争损坏的城市贫民予以救济，对俘虏官兵一律不杀害、不侮辱。

这些政策深得人心。解放军从过去对大城市打了就走，到实行正规化接收管理，是一个巨大的转变。这表现了解放军开始以主人翁的姿态，将大城市当作解放区的一部分，有了长期的打算。华东野战军洛阳工作委员会给中央军委《关于洛阳城市工作总结》中说："部队纪律是空前的好。例如少数战士鞋子跑掉了（因为连日大雨），见到成批敌人遗弃的鞋子不拿。有的部队一天来未吃到饭，见到饼干不吃。检查一个团，只有几个拿了茶碗的。询问五百多俘虏，只有一个人少了大衣，三个人少了钢笔。接收到银行四百三十多万法币，原封移交，并有敌人化装时留下的表。攻城时在关外吃了群众粮食，战后绝大部分已归还。突击丢掉背包，空人回来。很多人拾了钢笔、金戒指，自动随时上交。战士发现敌人物资，马上到工商局报告。典型例子很多，市民呼我'仁义之师'。"

一个月后，华东野战军攻克开封。解放军战士在河南大学农林实验场休息，虽然一夜未进饮食，也不摘园内的水果吃。构筑工事借了老百姓的门板，都把主人的名字写在上面，战斗结束后物归原主。有一家盐店被贫苦市民哄抢，部队纠察立即上前阻止，商店老板极为感激，自动廉价售出部分存盐。解放军发布安民告示，召集社会人士成立临时筹委会，组织救济工作，恢复城内秩序。在解放军政策的感召下，居民们自动站岗，共同维护秩序，解放后的开封城迅速恢复平静，没有发生任何骚乱。

辽沈、淮海、平津三大战役结束后，沈阳、长春、北平、天津这样的大城市都解放了，城市接管成为我军头等重要的任务。1949 年 2 月，毛泽东在给第二野战军和第三野战军的电报中特别强调："军队干部应当全体学会接收城市和管理城市，懂得在城市中善于对付帝国主义和国民党反动派，善于对付资产阶级，善于领导工人和组织工会，善于动员和组织青年，善于团结和训练新区的干部，善于管理工业和商业，善于管理学校、报纸、通讯社和广播电台，善于处理外交事务，善于处理各民主党派、人民团体的问题，善于调剂城市和乡村的关系，解决粮食、煤炭和其他必需品的问题，善于处理金融和财政问题。总之，过去军队干部和战士们所不熟悉的一切城市问题，今后均应全部负担在自己的身上。"

各野战军都调集专业干部，成立专门的接管委员会，全面接管细化成专业接管，金融、税务、公安、教育、外事、文化等等，同时强化对部队干部战士的教育，规定城市纪律，编写城市常识读本，保护城市的一切设施，保证城市的正常运转，让城市回到人民手中，为新中国服务。

★ 第十五节 ★

给上海人民的『见面礼』

1949年4月，解放军渡过长江，进入富庶的江南地区。习惯在农村行军打仗的战士进了南京、杭州等大城市，对繁华的楼房大街感觉非常新鲜。好奇之下，也闹了不少笑话。有些战士看见电灯、自来水不会使用，对着灯泡点烟；住进豪华公馆里不会用抽水马桶，有的一用力拉坏就不能用了，还有的把骡马拴在洋房里拉屎撒尿。站岗的哨兵站在马路中央，看到汽车经过就阻拦询问，妨碍了交通。陈毅和邓小平到南京后，住在蒋介石的“总统府”里。早晨他们在花园散步，发现地上漫着水，走廊上的地毯也泡在水里，一问才知道是战士不会用自来水龙头，把它扳坏了，到处跑水，好容易才堵住。陈毅很生气，命令住在这里的警卫部队马上打扫干净，除站岗值勤人员外全部撤出“总统府”。

看来，入城纪律是个大问题。部队进城不熟悉城市生活方式，很容易把城市搞乱，既不利于接管，更有损解放军的声誉。所以，在准备夺取上海之前，第三野战军先对部队进行了入城纪律的教育。陈毅在丹阳一座大庙里，对几百名接管干部作报告，一开口就声色俱厉地批评违反纪律的事：陈毅在与饶漱石到街上散步时，走到光明大戏院门口，看到有穿黄军服的同志没有票硬要进入戏院，有票的老百姓反而进不去。他不得不亲自上前干涉，才阻止了戏院前的冲突发生。陈毅气愤地指出，无票非要

★ 1949 年 4 月，陈毅在丹阳一座大庙里，对几百名将要进入上海等城市的接管干部作报告。

去看戏，就是违反纪律。

陈毅从这件小事，谈到接管上海的大事。他说："上海很复杂，我们都不大懂。我们不能自大、吹牛。……我们管理不好上海，就无法向老百姓说话。上海是最现代化的城市，是帝国主义反动派的窝巢，是百年来发展起来的各式各样、奇形怪状的复杂的城市，我们没有经验是很难进行工作的。因此除了具有信心以外，必须要有谨慎小心、'临事而惧'的态度，这样才能多考虑问题。否则是低级的幼稚的，就一定会栽筋斗。进入上海是中国革命的最后一个难关，是一个伟大的考验。上海搞得好不好，全中国全世界都很关心。"

怎样才能接管好上海，陈毅认为，必须强调入城纪律，"纪律是入城政策的开始，是和市民的见面礼。纪律搞得好，政策就可以搞得好，搞不好就会影响政策的推行。上海人民对我们的希望很大，把我们看成'圣人'，如果一进去就搞乱了，他们就会大失所望，再去挽回影响就要费很大的劲"。

在战役之前，三野各部队都进行了深入的政策和纪律教育，反复学习"三大纪律八项注意"和《中国人民解放军布告》(即"约法八章")。根据南京等城市接收的经验教训，制订了更为详细具体的《入城守则和纪律》等文件，发到各部队。总前委对三野提出两大要求：一是"打得好"，要显示出我军的威力和艺术；二是"进得好"，即入城后政策纪律好，军容好。陈毅对部队入城后的纪律提出极为严格的要求，最基本的一条就是"不入民房”。有的干部提出：遇见下雨、有病号怎么办？陈毅坚持说：“这一条一定要无条件执行，说不入民宅，就是不准入，天王老子也不行！这是我们人民解放军送给上海人民的‘见面礼’！”

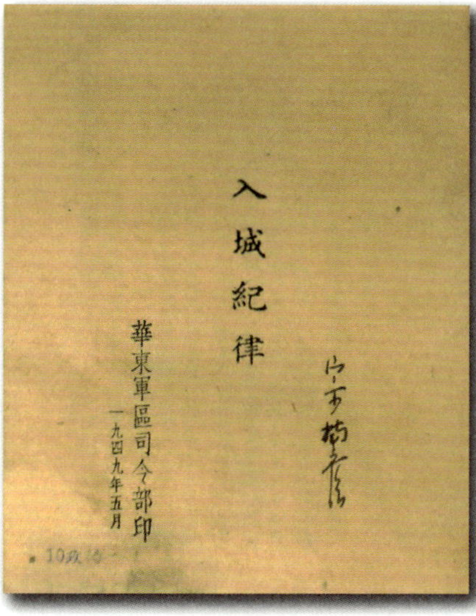

★ 1949 年 5 月，华东军区司令部印发的《入城纪律》。

1949 年 5 月 14 日，第三野战军转发华东局颁布的《入城纪律十二条》。5 月 16 日中共中央又发来《关于入城部队遵守城市纪律的指示》，就一些细节问题做了更具体的规定：

军人进入戏院、电影院、理发店、澡堂、看戏、看电影、理发、洗澡及进入公共娱乐场所游览，及乘坐电车、公共汽车者，均须照章买票，照章付钱，不得要求免费或半票付钱。

不经上级许可，不得接收人民的慰劳，对各阶层人士给军队个别人员送礼和被邀请吃饭赴宴者，尤需谢绝。

军队在城市特别在大城市、中等城市驻扎时，不得借住或租住民房，免引起城市居民的不便和不利，而应驻扎在兵营、公共机关、庙宇、祠堂、公所、会馆等公共房屋建筑，其家具设备（电灯、自来水、玻璃窗、抽水马桶等）必须爱护，不得移走、拆毁与破坏。

军队之骡马大车不得进城，必须入城者，可在将所运物资、弹药、粮食等装卸后，即应出城，在城郊外择地关喂，禁止在市内树上拴牲口，以保护树木，不让牲口啃树。

……

有了这些严格规定的纪律要求，谁也不敢怠慢。粟裕为三野干部作了“怎样进入大上海”的报告，干部战士都写了保证书。

5 月 27 日上海解放那天，早晨下着小雨。市民们在枪声平息后打开家门，惊奇地发现马路两边潮湿的水泥地上睡满了解放军战士。胜利的军队在城市中露宿，谁都是生平第一次见到。进驻市区的部队从军长带头，官兵一致，全都露宿街头。最少的露宿 30 个小时，有的长达几天。

部队的总结里这样写道：“初入市区的部队，两三夜均在马路边露宿。适值雨季，连夜下雨，由于从军部起干部均能以身作则，战士亦都有觉悟，毫无怨言。市民（工人、学生、商人等）再三邀请部队进屋休息，均被婉言谢绝。市民送的慰劳品以至开水，均谢绝不受。部队三天无开水喝，吃由 30 里外送来的冷饭。有一工厂工人送慰劳品给部队，双方互相推让十次之多。工人感动地说：‘这真是我们的队伍。’有个商人夜间送烧饼慰劳他门口的我军哨兵，被谢绝；等哨兵换班后，又送给新接哨的，又被谢绝。连送三四次，直到天明，无一人接受。商人

⋆ 1949 年 5 月 27 日，上海解放，解放军在街头露宿。

说：‘解放军的纪律个个人都一样，真是好队伍。’……攻浦东时，英、美、葡等外商仓库和煤油公司等被蒋军盘踞，外商托人要求我军暂不炮击，答应帮助我们劝降。我军攻击部队接受其请求，和平收缴守军枪械。事后几国领事均托人或用电话向我道谢。外电一致报道我军为他们所见过的最好的军队。”

严格的城市纪律，使解放军在上海最初的生活比在农村还要艰苦。部队报告说：“前三天吃冷饭，没有开水喝，睡马路边。以后也是吃‘战斗饭’（用子弹箱盛饭，钢盔打菜，炮弹壳做饭碗，甚至用痰盂打面条）。每天早晨天没亮，连长带着全连跑步到黄浦江边去大便。因为找不到厕所，路远，有的战士半路上就拉在了裤子里。”因为解放区的货币与国统区不一致，部队规定不许在市场上买东西，战士们有好几天没吃过菜，没抽上烟。

解放军进上海，真正做到了不入民房，不在市场上买东西，不入公共场所。铁的纪律使市民看到了人民军队的风范，个个钦佩万分。但是上级也关心爱护战士，不能让战士们长时间露宿街头。接管上海后，干部们到处寻找国民党过去空闲的营房、仓库、机关用房，安排部队陆续住了进去，同时在郊区采购蔬菜食品，让警卫部队能吃上热饭。上海解放后，城市生活和生产秩序很快恢复，受到中共中央的赞扬。

第六章 驱除帝国主义势力

向人民领袖毛主席致敬

★ 第十六节 ★

炮击『紫石英』号

1949年4月20日早晨，长江北岸的三江营（今江苏泰兴市口岸镇西）三野第八兵团阵地上，第二十军炮兵第三团战士们正在进行渡江前的准备工作。三江营是江中的一个大沙洲，长江在这里拐了一个弯，江面水流不急。第二十军就要从这里渡江。

9时20分，炮兵三团观察所突然发现东边江面上驶来一艘军舰，闯入我军防区之内。这个“不速之客”是英国海军护航舰“紫石英”号（Amethyst，又译“紫水晶”），排水量1700吨，有炮6门，舰长是史基纳中尉。据说他们的任务是到南京“保护”英国侨民，当“紫石英”号通过炮兵三团阵地时，发现北岸我炮兵的阵地，与我军展开激烈的攻击，当即英舰甲板及炮台、司令台被我军击中数处。该舰当即折向南岸，因搁浅行动失灵。该舰悬白旗告饶，我军下令停火。

下午一点半又有一艘英舰“伙伴”号（Consort）由南京驶来，增援“紫石英”号。我军炮兵立即射击，命中五发，但未予重创。“伙伴”号转头靠近江北岸，开始还击，造成我军伤亡。不久该舰掉头驶往上海，“紫石英”号仍搁浅于长江南岸。

自1840年鸦片战争以来，英国军舰在中国沿海、内河横行霸道。这次“紫石英”号和“伙伴”号挨打，实在是大出其意料。英国人是不肯吃亏的，21日，英国海军的重巡洋舰“伦敦”号（London）和护卫舰“黑天鹅”号（Black Swan）在英国远东舰队副司令梅登中将指挥下，援救“紫石英”号。这天上午，两舰到达泰兴南的七圩港江面，这里是第十兵团第二十三军的阵地，陶勇军长正在指挥部队准备渡江。我军前沿观察所发出警告信号，要英舰马上离开。英舰没有反应，而且从望远镜中看到舰上将炮口对准我方。陶勇命令炮兵开火，打得长江上水柱冲天。英舰也向我军开炮，梅登中将看占不到便宜，决定放弃救援“紫石

★ 舰体上到处都是弹痕的“伦敦”号。

英”号，调头返回上海。

“紫石英”号被我军击中后，舰长史基纳丧命，部分水手仓皇跳入江中，游到南岸，在国民党军队救护下步行到常州，登上火车于21日逃回上海。新闻报道说这些英军“多被黄布棉军服，各人均极疲惫。有御绷带者，有负伤用担架抬下火车者，有跣足者，有穿拖鞋者，极为狼狈”。

21日我军渡江后，因忙于追击国民党溃军，没顾得上寻找“紫石英”号。26日炮兵三团渡江后，沿岸搜索，发现“紫石英”号停泊在镇江谏壁镇附近的江面上。一名英军中尉上岸来与我方联系。炮兵三团政委康矛召向英方发表三项口头声明：1. 英舰未经人民解放军许可，擅自侵入解放军防区且首先炮击解放军阵地，致使解放军官兵252人遭受伤亡，房屋村庄惨遭破坏。英政府及海军当事人应对此暴行负完全责任。2. 英舰应向中国人民及人民解放军道歉，并保证以后不进行与中国人民及人民解放军相敌对的行为。3. 中国人民及解放军保留对英国当局要求赔偿损失、严惩凶手的一切权利。

“紫石英”号被我军扣留，英国当局恼羞成怒。21日英国外交部发言人声称：英舰获得中国政府许可，有权驻入中国内河。26日英国首相艾德礼在下院报告“紫石英”号事件时，前首相丘吉尔更是说：“长江事件实为一种暴行，政府以全部责任交由驻华海军司令担负，早应派遣航空母舰作有效之反击。”

4月30日，毛泽东起草了《中国人民解放军总部发言人为英国军舰暴行发表的声明》，严厉驳斥丘吉尔的战争威胁。《声明》说："英国人跑进中国境内做出这样大的犯罪行为，中国人民解放军有理由要求英国政府承认错误，并执行道歉和赔偿。""长江是中国的内河，你们英国人有什么权利将军舰开进来？没有这种权利。中国的领土主权，中国人民必须保卫，绝对不允许外国政府来侵犯。"《声明》表示："外国政府如果愿意考虑同我们建立外交关系，它就必须断绝同国民党残余力量的关系，并且把它在中国的武装力量撤回去。"

毛泽东的声明表明了中国共产党人的立场：绝不承认帝国主义在中国的特权，绝不容许帝国主义对中国的侵略。但是"紫石英"号事件的发生，使中共中央警觉起来。在全局上，我们要有反抗帝国主义的气魄和勇气，在具体问题上又要谨慎从事，避免西方国家对中国革命的武装干涉。4 月 28 日，毛泽东给渡江战役总前委的指示中认为，英军"紫石英"号事件，似乎是一个偶然事件，英国连抗议也没有提，那么实际上我们亦不必扩大这件事。5 月 6 日，在第三野战军即将进行上海战役前夕，毛泽东指示粟裕预先告诫部队，在占领吴淞时注意避免和外国兵舰发生冲突。20 日他再次强调："（一）黄浦江是中国内河，任何外国军舰不许进入，有敢进入并自由行动者，均得攻击之；有向我发炮者，必须还击直至击沉击伤或驱逐出境为止。（二）但如有外国军舰在上海停泊未动，并未向我军开炮者，则不要射击。"

"紫石英"号在镇江停留期间，对英军究竟是作为俘虏还是客人看待，上级没有明确指示。因此，看管部队每天供给船上必要的燃料和粮食，没有解除英军武装。英国远东舰队司令布朗特两次致电“紫石英”号新任舰长克仁斯，要他与我方交涉放行。我方要求英方首先承认错误，道歉后才能考虑放行的问题，谈判陷入僵局。英方坚持是我方先打的他们，拒绝承认错误和道歉。6月23日，毛泽东在一份电报中再次表明了自己坚决的态度：“对紫石英号的方针，必须英方承认不得人民解放军同意擅自侵入中国内河是错误的这一点（不着重谁先开枪，因为这是没有多大关系的，重要的是擅自侵入内河，只要是擅自侵入，我军就必须打它和扣留它；也不要着重正当渡江的时机，重要的是擅自侵入人民解放军控制的内河，不管什么时机，都是不能许可的），才能释放，否则决不能释放。”

眼看释放无望，英方准备秘密逃跑。英国人把我方每天提供的燃料积攒起来，7月30日夜里，“紫石英”号偷偷起航。当时一艘“江陵”号商轮正好驶过，“紫石英”号贴上去，与“江陵”号并行，借其掩护，躲避我军炮火。狡猾的“紫石英”号在接近江阴要塞时，关闭轮机，不出动静地顺流而下。通过炮台时，军舰紧靠南岸石壁，我军火炮居高临下，死角太大。“紫石英”号通过炮台后，消失在黑暗之中。

逃过江阴之后，江面骤然开阔。拦截“紫石英”号更加困难。江阴要塞派出部队乘汽艇追赶，通知吴淞要塞的炮兵十八团做好战斗准备。炮兵十八团等到31日下午，江阴追赶的汽艇都到了，也没看到“紫石英”号的踪迹。根据情况分析，“紫石英”号一定是避开了吴淞口，从崇明岛北面的航道逃出了长江口。

“紫石英”号逃跑后，粟裕就此事进行检讨，但是中央并没有责怪什么。直到八年后，1957 年 11 月 8 日，毛泽东在莫斯科会见了英国共产党领导人波立特和高兰。毛泽东告诉他们：蒋介石快要灭亡的时候，要求美国出兵。美国说可以出钱，供给军火，但是不能派兵。当时美国有少数部队在上海。南京、北平、青岛，陆海军都有。英国也有一些，为数更少。我们的军队所到之处，他们就赶快撤走。美国人走得快，英国要慢一些。英国曾派“紫石英”号兵舰到南京去接部队，被我们打中了一炮。后来它说是跑了，实际上是我们让它走的。它当时的燃料不足，我们给了一点油。当时的形势是：如果“紫石英”号不走，就使人下不了台，我们同英国的关系就会尖锐起来。我们主要是对付美国，不是以英国为攻击对象。

★ 第十七节 ★

别了，司徒雷登

1949年4月24日，中国人民解放军进入南京城时，在一座白色楼房内，一位老人在密切注视着时局的发展。他就是美国驻华大使司徒雷登。

司徒雷登（John Leighton Stuart），1876年出身于杭州一个传教士家庭，1919年在北京创办燕京大学，培养了许多中国学生。1946年出任美国驻国民党政府的最后一任大使。1949年3月，司徒雷登知道国民党大势已去，他希望能通过个人的努力，保护美国的在华利益。他致电美国国务院，请求留在南京，与共产党接触，以“建立新的关系”。

新中国将实行什么样的外交政策，是毛泽东思考的重大问题。新中国成立前夕，中共中央的外交政策是：不承认国民党政府与各国旧的外交关系，也不急于取得帝国主义国家对我们的外交承认。毛泽东概括地比喻说，这是“另起炉灶”，“打扫干净屋子再请客”。

一个戏剧性的事件，使司徒雷登与共产党人开始了接触。解放军解放南京后，4 月 25 日早晨，第三十五军的一个营长带着几个战士找房子住，进入了司徒雷登的大使馆。按国际法，外国使馆是不能随便进入的。美国国务院指示司徒雷登“向共产党当局提出有力之抗议”。

司徒雷登留在南京没走的消息，引起中共中央的高度重视。4 月 26 日，毛泽东从广播中得知这件事，立即给渡江战役总前委发出一封措辞严厉的电报：“对待各国驻华大使馆、公使馆、领事馆及其他外交机关，早经规定一律予以保护，非经特许不得施行室内检查。此次南京检查如果属实，应认为为违犯纪律行为，迅予查究。”毛泽东希望刘伯承、邓小平、陈毅、饶漱石立即注意此事，并亲自掌握外交问题的处理，还要督促陈士榘、袁仲贤进一步加强对南京卫戍部队的训练和管理。

★ 司徒雷登（1876—1962）

司徒雷登亲身感受到共产党人给南京带来的新气象。南京市军管会加强了对外国使馆的保护。司徒雷登说：“共产党特别关心我，所以我完全不离开我的住宅。”他在楼上可以看到外边的活动，共产党军队严明的纪律使他很受感动，对国民党的失败也有了更深的认识。他写道：“他们（共产党）完全没有个人的贪污，军官和士兵共同生活，简朴而勤劳，受了严格的纪律训练。当他们进入南京时，这一切都很明显。差不多对于民众完全没有不应有的举动，他们向老百姓借用了许多东西，但十之八九把这些东西完全还清，或赔偿。……他们的士气甚为旺盛，操练和训话每天都在我们大使馆周围的空地上不断举行。”所以，他希望能与共产党接触，建立关系。

中共中央注意到这个情况，派人与司徒雷登进行非正式接触。5 月 7 日，原燕京大学学生、南京市军管会外侨事务处处长黄华奉周恩来的指示，会见来联系的司徒雷登秘书傅泾波。傅泾波转达司徒雷登的话说：美国已经停止了对蒋介石的援助，这次国民党撤退，他决定留在南京不走，就是希望同中国共产党接触。黄华表示：美国援助蒋介石的政策给中国人民造成重大损失，创痛极深。空言于事无补，需要美国首先做更多有益于中国人民的事，才能逐步取得中国人民的谅解。

黄华将上述情况报告中央，5 月 10 日，毛泽东复电指示：

一、黄华可以与司徒雷登见面，以侦察美国政府之意向为目的。

二、见面时多听司徒雷登讲话，少说自己意见。

三、如果美国政府愿意考虑和我方建立外交关系的话，美国政府就应当停止一切援助国民党的行动，并断绝和国民党反动残余势力的联系。

四、与司徒雷登的谈话应申明是非正式的，因为双方尚未建立外交关系。

五、在谈话之前，市委应与黄华一起商量一次。

六、谈话时如果司徒雷登态度是友善的，黄华亦应采取适当的友善态度，但不要表示过分热情，应取庄重而和气的态度。

七、对于傅泾波所提司徒雷登愿意继续当大使和我们办交涉并修改商约一点，不要表示拒绝的态度。

毛泽东的指示详尽明确，表现出中共中央愿意与美国政府接触的诚意。5 月 13 日，黄华以私人身份前往司徒雷登住处与他会晤。黄华告诉他：在未同新中国建交前，原外国使节不再享有外交豁免权。但作为外侨，仍会保护其安全。司徒雷登说，愿意同新中国建立新关系，希望中国政府能广泛吸收民主人士参加。黄华要求美国政府不干涉中国内政，撤走驻青岛等地的军舰和陆战队。司徒雷登答应将这些要求转告有关方面。

美方确实有了实际行动。5 月 20 日，总前委在上海战役开始前电告粟裕、张震："司徒雷登已向我南京外事处黄华同志作个人的负责表示，吴淞口内已无美舰。"这个通报打消了三野部队的顾虑，以猛烈炮火封锁了黄浦江。

6 月 6 日，黄华再次约见司徒雷登，双方谈到了外交相互承认的问题。司徒雷登站在美国政府的立场表示："当一个显然地获得中国民众支持，或至少赢得民众承认的新政府出现时，而那个政府又拿出证据来，证明愿意、而且也有能力依照国际标准与其他国家保持外交关系时，那么大家自然会讨论此项问题。但在那阶段之前，我们这些局外人只能够坐着等候。”

这些外交辞令有什么含义呢？所谓“民众承认”，就是共产党现在还没有解放整个中国，而且知识分子是否支持共产党新政权还不能确定。所谓“国际标准”，就是中国旧政权和美国签订的条约和借款，共产党都得承认其合法性并接受下来。这表明了美国当局对新中国的敌视和观望态度。

6月8日，傅泾波向黄华转达司徒雷登的口信：美国现在（对新中国的关系）很难做出正式表示，需要司徒雷登返美后努力。但他需要了解中国共产党高层的意见，回去讲话才有力量。司徒雷登希望能到北平会见周恩来，望得到同意。

黄华汇报中央后，中央非常重视司徒雷登的北上。这将给中美关系带来转机。如何接待司徒雷登，中央考虑通过非官方联系较好。于是请燕京大学校长陆志韦出面，邀请司徒雷登老校长访问燕京大学。司徒雷登得知后非常高兴，将此事报告美国国务卿艾奇逊，等候批准成行。

但中美建立关系的机会被美国政府破坏了。国民党政府垮台后，美国国会中掀起一股反共、反华浪潮。右翼势力追究美国政府的责任，美国政府中原来对中国共产党态度友好的官员都受到不同程度的指责和迫害。在此情况下，艾奇逊不敢批准司徒雷登赴北平的请求，而是在 7 月 2 日来电要司徒雷登尽快回国。这无疑给司徒雷登泼了一盆冷水，使司徒雷登极为失望。8 月 2 日，司徒雷登和傅泾波等登上专机，从南京取道东京回国。

司徒雷登回国途中，美国政府发表了中美关系的白皮书。白皮书中公布了大量机密文件，来证明国民党政府的贪污腐败，为美国政府扶植国民党政策的失败推卸责任。司徒雷登在夏威夷看到白皮书后大为震惊。他在回忆录中写道：“白皮书昭告世界，美国政府认为国民党在内战中已经失败了。一方面不肯承认美国政策有任何错误，一方面又尽力把所有的过失全部归咎于国民政府。”

司徒雷登与中共中央接触的失败和美国政府白皮书的发表，使司徒雷登陷入一个极为尴尬的地步，他成了中美双方攻击的目标。白皮书为中国人民提供了一份反面教材，告诉大家美国在内战的幕后都干了些什么，他们是怎样干涉中国内政的。毛泽东对美国政府的背信弃义非常愤怒。我们真心希望和美国建立平等的外交关系，但是美国政府坚持与中国人民为敌。既然如此，中国人要挺起腰杆，对美国说“不”。毛泽东抓住白皮书这个“教材”，连续写了四篇评论，批判美国政府在中国推行的侵略行径，宣布了中国共产党人“丢掉幻想、准备斗争”的决心。最精彩的一篇题为《别了，司徒雷登》，毛泽东宣布：“多少一点困难怕什么。封锁吧，封锁十年八年，中国的一切问题都解决了。中国人死都不怕，还怕困难吗？”这豪迈自信的语言，曾经

人民日報

别了，司徒雷登

★ 1949 年 8 月 19 日，《人民日报》头版刊登《别了，司徒雷登》一文。

鼓舞了几代中国人的民族自尊心。

司徒雷登带着一颗破碎的心离开中国。回国后他又受到美国右翼势力的攻击。在双重打击下，他心力交瘁，四个月后突发中风，从此瘫痪在床。他从美国政界消失了，也很快被美国人遗忘了。他在病床上始终怀念着中国，把中国当成第二故乡，并临终前立下遗嘱，把自己的骨灰埋葬在燕京大学的校园里。但是这个愿望未能实现，他的骨灰最终安葬在杭州。

第十八节 让帝国主义分子低头

1949年7月6日，为庆祝上海解放，上海军民举行盛大游行。参加阅兵的解放军威武雄壮，参加游行的群众欢声笑语，载歌载舞。解放军队伍行经东长治路时，溧阳路上突然有一个名叫威廉姆·欧立夫的美国人自驾小轿车，不听岗警制止，直冲游行队伍，险将群众撞伤。岗警勒令停车，欧立夫不服从指挥，出言不逊。民警将他拉下车，押解到提篮桥公安分局讯问。欧立夫态度更加蛮横，拳打脚踢，将办公室桌上的文具捣毁。

在场的一些警员愣住了，解放前国民党警察局是惹不起美国人的，现在解放了，该怎么办？提篮桥公安分局几个领导人商量了一下，认为这种无视新中国政府法令的野蛮行径，必须予以制裁，命令将欧立夫戴上手铐，关进牢房。这个强硬手段完全出乎欧立夫的预料，他的嚣张气焰收敛了，老老实实说出了自己的姓名，交出了证件。原来他是原美国驻华大使馆上海领事馆的副领事。

★ 1949 年 7 月 6 日，为庆祝上海解放，上海市近百万军民走上街头，举行盛大游行。

问题有点严重了，提篮桥分局领导急忙打电话报告上海市公安局局长李士英。李士英局长的处置非常明确：第一，公安局里多数是留用的旧警察，看管欧立夫必须要由自己人（南下干部）负责。第二，吃饭要自己做，不吃外边送来的，这是出于安全考虑。第三，不承认他的外交人员身份，也没有豁免权，依法处理。

随后，李士英向陈毅市长做了汇报。陈毅毫不犹豫地说：“拘留起来再讲，不管美国人、英国人，在中国违反了中国法令，就可以制裁他。”

遵照陈毅市长的指示，提篮桥分局领导向欧立夫宣布：因破坏交通秩序，损坏公物，殴打警员，触犯了中国法令，予以刑事拘留。欧立夫被关进了拘留所，但生活上仍给予了适当照顾。原美国驻上海总领事葛柏德来到市外侨事务处，以“总领事”名义，并荒谬地引用美国与前国民政府签订的中美条约，向中方提出“抗议”，要求立刻释放欧立夫，当即被中方严词驳回。

7月8日，市公安局根据陈毅市长指示，对欧立夫作出如下决定：

（1）责令欧立夫写认错道歉的书面检查，在报刊上公开刊载。

（2）毁坏公私财物，照价赔偿。

（3）以分局名义写一份对欧立夫拘留的决定，在《解放日报》上刊登。

（4）发还欧立夫的个人财物，包括那辆肇事车辆。

《解放日报》随即刊登了欧立夫的道歉书：

我，威廉姆·欧立夫（前美总领事署副领事），……承认犯了下列各罪：（1）违犯交通规章，（2）拒不报告姓名，（3）殴打公安局的警员，（4）毁坏公安局的公物。

我愿意向被侮辱的警员道歉，我愿意赔偿修理的费用或赔偿局内被毁的公物。我保证不再有同样的事件发生，并遵守人民政府的法令和规章。此后我愿意做个遵守法令的外侨。我恳求当地主管机关对此案从宽处理。我已经认识了我的错误，经过反省，内心感觉很深刻的歉意，在我被拘留期间，我并未受到任何虐待。

欧立夫认罪书公布后，很快在全市乃至全国引起了轰动。上海市民扬眉吐气，有的说：“过去上海人在洋人面前低人一等，现在美国领事犯法，同样法办，真痛快。”有的说：“解放前美国人在上海打死了人也治不了他，现在违反交通规定，打人毁坏公物照样要关起来。认错道歉赔偿了才放你出来，真正解放了。”在公安局内部，留用警员们感触更深，他们说：“外国人过去将上海作为他们的殖民地，横行霸道，无法无天，犯了法，警察局最后都是不了了之。现在解放了，人民政府不管你是哪国人，触犯了中国法令，一样依法处理。”对欧立夫的依法处理，充分说明了中国人民站起来了，帝国主义横行的时代一去不复返了。

威廉姆·欧立夫事件不是一个偶然的事情。这与当时中共中央的外交政策有直接的关系。

1949 年 1 月 19 日，中共中央发布了《关于外交工作的指示》，初步确定了共产党的外交政策。基本原则是：“目前我们与任何外国尚无正式的国家的外交关系。许多帝国主义国家的政府，尤其是美帝国主义政府，是帮助国民党反动政府反对中国人民解放事业的，因此，我们不能承认这些国家现在派在中国的代表为正式的外交人员，实为理所当然。我们采取这种态度，可使我们在外交上立于主动地位，不受过去任何屈辱的外交传统所束缚。在原则上，帝国主义在华的特权必须取消，中华民族的独立解放必须实现，这种立场是坚定不移的。但是在执行的步骤上，则应按问题的性质及情况，分别处理。”

毛泽东概括地比喻说，这是“另起炉灶”，“打扫干净屋子再请客”。

中国共产党在上海逐步采取了这些外交方针政策，对帝国主义势力开展针锋相对的斗争，既坚持原则，又严格掌握政策，采取有理有利有节的斗争方式。

上海解放后，西方媒体依然驻在上海，发新闻报道。针对这种情况，1949 年 5 月 28 日，上海市军管会发布通告：中外新闻机构、报刊均须在规定期限内登记，并规定：“（甲）不得有违犯本会及人民政府法令的行动；(乙) 不得进行反对人民民主事业的宣传；（丙）不得泄露国家机密和军事机密；(丁) 不得进行捏造谣言与蓄意诽谤的宣传。”

起初，上海军管会对外国记者的活动并不干预，但这些媒体记者不时对上海市人民政府的政策进行歪曲、诋毁和造谣攻击，渲染和夸大上海的困难。1949 年 6 月 10 日，英商《字林西报》刊登一条新闻：国民党海军在吴淞口布雷，进出口轮船遭遇封锁。这个消息是该报的独家新闻。当时国民党海空军聚集舟山群岛，对上海进行封锁，上海市委和军管会正在考虑如何应对。在做出决策之前，这个消息是需要保密的，免得上海人心恐慌。但是《字林西报》却抢先把消息捅出来，使陈毅等领导人非常恼火。市外侨事务处召见《字林西报》总编辑葛烈芬，严肃指出该报的错误，葛烈芬当即书面承认错误，并保证不再重犯。

中共中央认为：在全国解放的新形势下，既然西方各国没有承认新中国，那么西方报刊媒体也没有在大陆继续存在的必要。特别是美国新闻处驻各地的机构还在四处活动，有刺探情报的嫌疑。对于留下来的外国记者，因其均为反共报纸或通讯社的记者，故不承认其为记者，不给以采访和发电之权，发现其有破坏行为，即予惩办直至驱逐出境。

1949 年 7 月 15 日，上海市军管会外侨事务处分别召见美、英前新闻处负责人，指出这两个单位系美、英前驻上海的官方机构，在美、英两国同新中国尚无外交关系的情况下，应立即停止一切活动，包括宣传、出版、图片展览、图书馆、放映电影、举办音乐会等。

上海军管会于 1949 年 10 月 6 日发出通告：凡与我中华人民共和国未建立外交关系之各外国在沪记者，应自即日起一律停止以记者身份活动。

★ 原上海字林西报大楼。

1950 年 1 月，美国政府宣布撤退其全部在华前外交人员。3 月，前美国驻沪总领事馆关闭，其人员全部离境。

1951 年 3 月 31 日，《字林西报》停刊，结束了长达百年的发行历史。地处外滩的报社大楼也被上海市政府接管。《大美晚报》《密勒氏评论报》也陆续歇业。

上海作为远东最大的金融和贸易中心，自开埠以来吸引了西方各大资本前来办企业、开银行、开发房地产，这些冒险家攫取巨额利润，在上海盖起了高楼大厦。十里洋场的局面在解放后发生巨大变化，共产党逐步驱赶西方的经济势力，把大量西方资本的房地产转化为国有资产。这个过程延续了近十年，我们这里只举两个典型事例。

一个是外滩南京路口的沙逊大厦，这是旧上海的地标建筑。沙逊家族自 19 世纪从印度孟买起家，靠经营鸦片和棉花发迹。20 世纪初，沙逊家族第四代传人维克多 · 沙逊来到上海，准备投资房地产业。

沙逊大厦位处南京路外滩，是上海最好的一块土地。沙逊决定在这里建一座豪华大厦，从 1926 年 4 月破土兴建，至 1929 年 9 月落成。

沙逊大厦是当时上海最高的建筑，拥有号称远东最豪华的华懋饭店，成为上海顶级的社交活动场所。1934 年，中国银行决定建造一座高达 34 层的高楼，与其一决高下。

中国银行大楼奠基打桩，没想到，沙逊蛮横地说：这里是英租界，在沙逊大厦附近造房子，不许超过他的“金字塔”。中国银行据理力争，官司一直打到伦敦。在一个主权丧失的旧中国，其结果可想而知。中国银行被迫把原来设计的 34 层大楼砍去一半，剩下 17 层，比沙逊大厦矮了约 30 厘米。这是帝国主义的骄横，也是中国人的痛史。

上海解放后，帝国主义特权被剥夺。如何将大量西方资本的房地产收归国有，是一件体现新中国主权的大事。民国时代，上海租界房地产也有一套市场规则，地块按其不同地点形成九十多级价格，外滩的黄金地块达到了天价。租界工部局按地价收取地产税，是一项重要的财政收入。

上海市财政局局长顾准在制定新税制的时候，就考虑到这一问题：外国人在上海的房地产那么多，为什么不能对他们征收地产税呢？不但要征，而且要大大提高税率。顾准收集了当年的租界档案，把租界如何征税、国民党如何征税的情况摸清吃透，会同上海的税务、财政、地政三局联合行动，对原租界黄金地段上的外国建筑按新的标准征收地价税。

在顾准的主持下，上海市税务局对大批外国房地产开征地价税。这些建筑多是高档酒店、饭店和会所，解放后西方游客不来了，奢侈行业陷入经营困境，外国老板都无法按新规定缴纳地价税和滞纳金。税务局查实了这些外商的欠税欠款，依法将各种催缴税款的通知发出。外国人交不上税，只好将房地产折了欠税，交给上海市人民政府。

1950 年，沙逊集团因积欠巨额债务，把新沙逊公司、新沙逊银行以及华懋饭店（沙逊大厦）、都城饭店、华懋公寓（锦江饭店北楼）等 9 家企业的全部财产转让给中华企业公司，结束了在华业务。1952 年，上海市政府接管沙逊大厦，1956 年作为和

★ 和平饭店北楼（原沙逊大厦）与中国银行大楼。

平饭店开放。

另一个事例是外滩的英国汇丰银行大楼。汇丰银行（The Hongkong and Shanghai Banking Corporation）是旧中国最大的外资银行，操纵着上海的金融市场，拥有充足的外汇储备、黄金与白银。1921 年汇丰在外滩兴建新大楼，1923 年建成，这座古罗马风格的建筑，被英国人自诩为“从苏伊士运河到远东白令海峡最讲究的建筑”。

上海解放后，外国银行控制中国金融、外汇市场的特权不复存在。美国对新中国实施封锁禁运，也影响到汇丰银行的业务，导致其连年亏损。1952 年汇丰银行申请歇业，因欠下上海税务局巨额房地产税款，银行提出折价转让大楼的请求。经过十余轮谈判，大华企业公司与汇丰银行于 1955 年 2 月达成转让协议。

汇丰银行经理姚克绍在转让前夕，独自在大楼前徘徊良久。他说：“当我注视着银行大楼，回忆起昔日的声势，一想到明天将与中方进行的会见，不禁黯然神伤。”他再三要求运走大楼门口的一对青铜狮子。中方说这对铜狮子属银行大厦整体建筑的一部分，未予同意。

★ 原汇丰银行大楼，位于外滩 12 号，现为上海浦东发展银行办公地。

1955 年，原汇丰银行大厦改为上海市人民政府的办公大楼。原来位于门口的铜狮子因是帝国主义的象征，被搬到上海博物馆库存多年。改革开放时期，1990 年汇丰曾经与上海市政府接触，想赎回大楼，因价格谈不拢没有实现。1997 年上海市政府搬离大楼，上海浦东发展银行购得大楼的使用权，一对复制的铜狮子又回归原位，蹲在那里让游客任意抚摸。

第七章

摧毁旧世界，创造新世界

上海市新人習藝場

★ 第十九节 ★

银元之战

接管上海之后，陈毅市长面临一个巨大的问题：共产党如何养活上海500万人民？

旧中国的经济运行模式，使当时上海主要工业生产原料和生活资料大部分依赖进口。上海解放时，全市存煤只有 5000 吨，粮食储备只有 4000 万斤，只够上海市民半个月用的。应华东局的请求，中央从东北、华北调运大量的大米、白面和煤炭，用火车源源不断地运往上海。国民党败退后，共产党从接管到建立政权有个过渡期，军管会采取了平价救济的方式，给百姓提供粮食和煤，保障生活需要。

可以上这些办法只能应急，要恢复上海市民的正常生活，还是要按正常的市场供应才行。恢复上海正常经济秩序的第一步，就是废除国民党发行的金圆券，使用人民币。

这个金圆券害苦了上海人民，王鼎钧目睹了那些民不聊生的场面：

“通货恶性膨胀，金圆券每小时都在贬值，餐馆卖酒按碗计算酒钱，第二碗的价钱比第一碗高，排队买米，排尾的付出的价钱比排头贵。……乡间交易要盐不要钱，要草纸不要钞票。”

为了建立新中国的货币体系，1949 年 2 月北平刚解放，中共中央就派薛暮桥、南汉宸等负责金融财政的干部进入北平，接管国民党的银行和造币厂，开始设计印制人民币，并源源不断运到渡江战役总前委，为的是渡江后在南京、上海等大城市使用。

总前委命令：人民解放军解放哪里，人民币就要跟到哪里。上海战役开始后，押送人民币的车队就随华东局机关前往上海。公路被炮弹炸得坑坑洼洼，卡车晃晃悠悠地慢慢爬。因为没有备用车，任何一辆车都不能抛锚，否则后果不堪设想。终于，车队在 1949 年 5 月 27 日早晨进入上海市区。40 辆卡车把 4 亿元人民币转运到外滩中国银行大楼，送进了地下金库。

上海解放第二天，军管会主任陈毅颁发了《关于使用人民币及限期禁用金圆券的规定》：自即日起，以人民币为计算单位，为照顾人民困难，在 6 月 5 日以前，暂准金圆券在市面流通。在暂准流通期间，人民有权自动拒用金圆券。

那市民手上多余的金圆券怎么办？要不要收兑？党内曾有过

激烈争论。金圆券因国民党滥发狂贬而一钱不值，若全部收兑将是很大的负担，但全部作废又会让老百姓受损失。主管财经的曾山指出：国民党强迫市民交兑金银外汇，这责任不能让老百姓承担；如果我们连这样的责任都不敢承担，就不是真正的共产党。最终，军管会规定：人民币 1 元折金圆券 10 万元，予以兑换。

这是共产党在为蒋介石背锅。国民党通过发行金圆券吸干了上海市民的黄金外币，卷款逃跑，金圆券没有了本金，变成一堆废纸。但是共产党要养活上海人民，不能让百姓破产，于是用人民币兑换金圆券，给上海人民带来了生机。百姓纷纷来到各兑换点，把金圆券换成人民币。仅仅七天就完成了兑换，共兑出人民币约 3.5 亿元。

但是，国民党的通货膨胀给人民造成的心理恐慌，使百姓不相信纸币而相信黄金和银元（银铸币）这些硬通货。南京路四大私营百货公司依然用银元标价，其他商店闻风纷纷仿效。这就给了商人投机的空间。

民国时期，上海汉口路的证券大楼控制着全市的证券交易，通过买空卖空，操纵物价。市民中也有不少人出入证券交易所，迅速买进卖出，赚点小钱，俗称“抢帽子”。当人民解放军进入上海后，证券交易所自动停业，可第二天就悄悄复业，非法进行金银外币的投机贩卖活动。证券大楼每天有数千名探听“行情”的“银牛”（又称“黄牛”）出入传递信息，证券大楼再次成为上海金融投机活动的中心。

当时上海市中心的西藏路、南京路和外滩一带，到处都有“银牛”站在人行道或十字路口，手里拿着几块银元叮叮当当响，嘴里念叨“大头要吗”。他们不断报着当天银元的行市，行人有的讨价还价，用人民币换了银元。

人民币的信用受到严重的威胁。

投机商操控黑市价格，迫使人民币不断贬值。人民银行规定的银元与人民币比价为1块银元换100元人民币，但是6月3日涨到1∶720，4日竟然狂涨到1∶1100。“黄牛”横行，“大头”嚣张，银元暴涨，人民币急跌，物价随之波动。各大商场拒收人民币，老百姓惶惶不安，生怕人民币也和金圆券一样不值钱。

人民币在上海站得住站不住，直接影响到共产党能否控制上海的全局。如果人民币不能战胜银元，金融阵地不能巩固，物价无法平稳，市场必然混乱，工业不可能顺利恢复生产，商业难以正常流通，上海的经济命脉就掌握在投机奸商的手里。这不是简单的银元问题，而是共产党在上海站得住站不住的问题。

★ 上海证券交易所大楼，在今汉口路422号。

上海解放后的

第一战，就是“银元之战”。对此，上海市委、军管会的态度是坚决的：一定要严厉打击银元投机，站稳金融市场。陈毅警告奸商“赶快洗手不干，否则勿谓言之不预”。但是奸商们置若罔闻，认为蒋经国“打老虎”都没能怎么样，共产党能有多高明。

6月7日，银元价格更是涨到1块银元换1800元人民币的新高。大米、面粉、食油等生活必需品的价格随之急剧上升两到三倍。全市街头巷尾，到处可见“黄牛”的身影，6月5日至8日这短短几天，“黄牛”由2万人增至4万人。不法分子的捣乱活动，严重威胁和阻碍了人民币在市场流通，损害了人民币的威信。

眼看投机贩子如此猖獗，中共中央财政经济委员会主任陈云起草了《中共中央关于打击银元使人民币占领阵地的指示》，经毛泽东批准，6月8日发到华东局、上海市委以及各中央分局。中共中央华东局召开会议，上海财经委主任曾山报告了银元投机活动的严重情况，指出如不采取断然措施，不出一个月人民币就有被挤出上海的危险。会议决定对汉口路422号上海证券交易所大楼进行查封，惩办一批违法犯罪分子，坚决打击投机活动。陈毅说：“大家一定要把这次行动当作经济战线上的淮海战役来打，不打则已，打就要一网打尽。”会议决定，由市公安局和上海警备区实施这次行动。

1949年6月10日上午10时，华东警卫旅派出一个营，分乘10辆大卡车到达证券大楼，实行军事包围。紧接着，上海

12000 余名工人、学生在证券大楼外围封堵，并向市民作宣传解释。埋伏在证券大楼内的公安便衣人员亮出身份，命令所有人员立即停止活动，就地接受检查。这一突袭行动打蒙了众多投机分子。遍布街头的 4 万“黄牛”也纷纷逃跑，没了踪影。

从上午到午夜，公安人员搜查了各个投机字号，登记了所有封堵在大楼内的人员名单及财物，然后命令他们到底层大厅集中，听取训话。在 2100 余人中，根据事先确定的名单扣押 238 人，送市看守所审查，其余 1800 余人陆续放出。

查封证券大楼是一场干净利索的歼灭战。人民解放军和公安干警密切配合，以迅雷不及掩耳之势将证券大楼内大小投机商一网打尽。这些家伙做梦也没想到共产党会有如此的铁腕钢拳，一个个被吓破了胆。

上海市军管会查封证券大楼后，2 万余名工人、学生和解放军的宣传队在 11、12 两日举行了盛大的“反对银元投机，保障人民生活”的游行和宣传。他们向市民揭露奸商银元投机的罪恶，电车、汽车上都贴了“取缔银元买卖”“拥护保障人民利益的人民币”等标语。市民们热烈拥护人民政府的各项措施，许多商店的橱窗上都贴有“只收受人民币，银元恕不作价”的字条。

在对证券大楼采取行动的同日，陈毅以华东军区司令部名义发布《华东区金银管理暂行办法》，规定：各种金银、银币、金银首饰等，严禁带出解放区。在解放区内允许人民储存金银，如自愿出卖金银，须到当地人民银行及其委托机关，按牌价兑换本币。金银饰品业除出售制成品外，不得私相买卖金银与收兑金银饰品。

这是人民政府控制上海金融市场的又一重大举措。金银等硬通货不许自由买卖，一切经过人民银行。在市场上交易的只有人民币，其他黄金、银元、外币都不许进入流通市场。投机分子没有了活动空间，自然也就没有了市场。政府在上海的第一场稳定金融、打击投机的斗争，取得了完全的胜利。

1949 年 6 月的“银元之战”，中国共产党依靠政治和军事力量打击金融投机，取得了初步胜利。但是国民党时期的通货膨胀，物资短缺，造成投机盛行，已经积习甚深，不是靠一次打击就能终结的。陈云说：上海靠“踢皮球”“抢帽子”为生的有不下 20 万人。这些人就是每天在“轧苗头”，看见有利可图就蜂拥而至，哄抬物价，扰乱市场。他们的资金来源，很大程度依靠私营钱庄。解放前上海有很多私营钱庄，依靠高利息吸引百姓的游资，如果上海的民间资金掌握在私人钱庄手里，金融市场就不可能稳定。

1949 年 8 月 21 日，中国人民解放军华东军区司令部公布《华东区管理私营银钱业暂行办法》，宣布严格控制私营银钱业。随后，公安机关对上海的地下钱庄与非法私营拆放进行取缔。

从银元之战到打击地下钱庄，共产党在上海稳定了金融市场，打击了投机势力，使人民币在上海站住了脚，人民群众相信共产党有能力保障他们的生活，不再恐惧通货膨胀，不再为纸币贬值而人心惶惶。有了这样的信誉，共产党才能领导上海人民建立新的经济秩序，恢复各行各业的生产。

★ 第二十节 ★

经济战线的『淮海战役』

1949 年 6 月初的“银元之战”初步打击了金融投机势力，让人民币在上海站住了脚。但是市场没稳定多久，新一轮的“米棉之战”又开始了。

从 1948 年到 1949 年 5 月，上海经济的最大特点是物资短缺、通货膨胀导致的投机盛行。国民党货币体系崩溃，百姓完全不相信纸币，发了钱赶紧去购买物资，实物囤在手里才放心。商人也囤积居奇，只要和生活有关的东西，见货就囤，等着物价上涨。经营实业的资本家也无心经营企业，把流动资金投入抢购囤积商品的风潮之中。这种畸形的市场和消费心态，就是上海解放后共产党面临的现实。

陈毅接管上海后，直面了形势复杂的局面。物资短缺造成了上海粮食和棉花价格在 1949 年 6 月下旬开始暴涨。为了平抑物价，保证上海生活必需品的供应，上海市政府向中央求援，从各解放区向上海大量调运物资。

解放区动员大量人力物力恢复铁路、航运，各地的粮食、棉花、煤炭源源不断运往上海，最先得到缓解的是煤炭供应。但是粮食问题没那么容易解决。解放战争还在继续，几百万解放军需要大批军粮。长江以北的农村生产水平落后，粮食产量远不如江南，战争之后的恢复重建也刚开始，所以征集粮食绝非易事。解放上海之前，江淮地区就已经征集了大批粮食，供应刚刚解放的上海。

应该指出，这是解放区战争动员的方式，只能是临时的，不可能常态化。而且大米的供应远远满足不了上海的需求。解放区的粮食和棉花调进上海后，又成为投机商人的抢购对象。1949 年 6 月底，上海出现了投机资金大量进入市场、抢购物资、哄抬物价的风潮。为了回击投机行为，上海市政府决定抛售物资，稳定市场，掀开了第一轮贸易战。

中央原来以为上海是中国最大的工业和商业城市，应该能为新中国经济做出贡献。现在上海不但活不起来，反而需要各解放区向上海“输血”。可是不解决上海的问题，国内的经济形势就不会好转。

这时，中央决定由陈云担任中央财经委员会主任，重点解决上海的问题。

★ 陈云（1905—1995）

1949年7月27日，陈云主持了上海财经会议。会议研究了克服财经困难、力争财经状况好转的问题。陈云提出全国支援上海、上海支援全国的办法，以及保证上海物资供应：

（一）精简节约。由于精简人员困难较大，所以不用裁员而用减薪的办法，“三个人的饭五个人匀吃”。

（二）在新解放的乡村抓紧征粮，新解放的城市抓紧收税。

（三）发行公债。

（四）中财委从全国各地调集物资，首先保证上海需用的粮食、棉花、煤炭，稳住上海，恢复生产。

回到北京，陈云向毛泽东汇报了上海财经会议的情况，毛泽东赞成陈云的措施。9月3日，毛泽东致电华东局：“我们必须维持上海，统筹全局。不轻议迁移，不轻议裁员。着重整理税收，以增加收入。三个人的饭五个人匀吃。多余人员，设法安插到需要人的岗位上去。”与此同时，毛泽东制止了华东局要求搬迁工厂和裁减旧公教人员的做法，对上海的局面起到了稳定作用。

但是，该来的风潮还是会来。1949 年秋季，华北地区粮食歉收，引起了京津地区粮价的上涨，很快波及上海。陈云明白，物价上涨最主要的原因还是通货膨胀，国家手里的粮食和物资储备不足，人心动荡所引起的。

10 月 15 日起，不到一个月内，上海的棉纱价格上涨了 3.8 倍，棉布上涨了 3.5 倍，由此带动了其他物价和上海周边地区物价跟着上涨。这种涨价又是投机商人在操盘。但是，中央经过半年的布局，对货币和物资已处于高度可控状态。投机者的反扑能力有限，已经脆弱不堪。这段时间中央频繁调配物资，上海准备棉布 110 万匹、棉纱 2.8 万件作为库存。剩下的就是什么时候“收网”，给投机者一个沉重打击。这场后来被称为“米棉之战”的行动，都在中央的运筹帷幄之中。

11 月 13 日，陈云向各地发出了《制止物价猛涨》的指示，并下达了十二条指令，按类分别为：（一）稳定物价；(二) 调运粮食和物资；（三）紧缩银根；（四）对投机商人进行贸易战。

陈云起草电报后，立即送政务院总理周恩来。周恩来批示：“如主席未睡请即送阅。如睡，望先发。发后送阅。”毛泽东还没睡，立即批示：“即刻发，发后再送刘（少奇）、朱（德）。”可见此事十万火急，刻不容缓。

在陈云亲自指挥下，一场稳定物价、打击投机的贸易战展开了。陈云坐镇中财委，命令各地每天报告市场行情、黄金和外汇价格、财经动态，指挥贸易、银行、财政三方协同作战。第一要知己知彼，掌握国营商店、供销社里有多少物资，再估算出私商有多少囤积物品。把握好时机突然大量抛售国家掌握的物资，在市场上每天降价。商人都是买涨不买落，物价上涨他吃进，囤积等着赚钱；物价越低越不敢买，怕赔本。政府官价一直降，他就得赶快脱手，货压在手里不仅赔本，还要赔银行利息。第二就是用银行紧缩银根，压缩贷款。商人从银行得不到贷款，只能用自己的本金。个人手里能有多少流动资金，投机的能量肯定是有限的。

这是中国共产党用举国之力和投机商人进行的一场贸易战。陈云首先掌控着各大城市的物价动态，特别是官价和黑市价格的差距，然后各地贸易公司按照陈云的指示秘密准备物资，当粮食、棉布市场饱和，物价稳定后，上海的投机风潮也就持续不长了。陈云通过预判，把决战的日子定在 11 月 25 日。

上海投机商看到有棉纱售出，即拿出全部资金争相购入。有的人不惜借高利贷，甚至出现了以日计息的现象，上海人称为“日拆”。投机商根据过去的经验，计算纱布价格一天之内涨好几次，吃进纱布后，当天转手，不但可以应付日拆，还可以获利。但他们发现，上海等地的国营花纱布公司，源源不断地抛售纱布，而且一边抛售，一边降低牌价。为了避免血本无归，投机者只有抛出手中的纱布。他们抛得越多，市场行情跌得越快，上海的纱布价格一天之内下降了一半。政府乘机以极低的价格买进了大量的棉纱。

公家粮店在全国各大城市统一抛售粮食，并且每天降价。上海商人们开始以为有利可图，张口吃进。没几天，仓库满了，资金没了。可是政府还是继续抛售粮食，并且不断降价。姚依林奉陈云指示，把东北运来的粮食堆在天坛，用席子搭起一个个粮囤，显示政府的粮食多得仓库里堆不下，都放到露天来了。颇有点像历史上南朝将军檀道济“唱筹量沙”之计。这下投机商人顶不住了，再囤下去粮食砸在手里，真要赔得倾家荡产。于是他们急忙抛售，但是已经赔了一大笔。

在这场较量中，国家终于战胜了投机资本。市场粮价下跌，稳定在一个水平上，曾山终于长出了一口气。其实上海公家的存粮也只够再维持五天。如果私商再持续吃进，公家的市场就有崩盘的可能。

这场稳定物价的贸易战，以中国共产党的胜利告终。上海的资本家和私商领教了共产党的厉害。

这场贸易战，对中央财政来说也是严峻的考验。新中国刚成立，解放战争尚未结束，新接管的城市百废待兴，到处都需要钱和粮食。解放区的农村经济基础薄弱，城市里生产和税收尚未走上正轨，陈云实际上每天都处在巨大的压力之下。

经过这次贸易战，陈云又有新的打算：私商和资本家手里还是有钱的。上海银行里的私人存款有几千亿，为什么要让他们去投机扰乱市场，国家可以把钱借来用啊。于是他提出发行公债弥补国家赤字的主张。

对于发行公债，毛泽东是非常谨慎的。他多次询问陈云：发行公债是否可行？定的数额是否合理？三年偿还和付息能否做到？毛泽东把这件大事提交中央人民政府委员会讨论，并征求了马寅初等经济学家的意见。陈云与中财委的同事也经过反复论证，务求政策适当，不出纰漏。

1949 年 12 月 4 日，国家开始发行公债，各城市都规定了任务指标。上海承担认购公债最多，政府号召民众积极买公债，支援国家建设。其实中央的目标是明确的：就是让资本家把钱借给国家用，而不是让他们去投机倒把。

在各地政府的督促下，第一次发行公债取得了超额的成功。新中国的金融工作获得一个新思路，也解决了国家财政的燃眉之急。在第一个五年计划建设期间，国家又发行过几期公债，为大规模的基本建设提供了资金支持。

陈云又把各地的财政收入统一归到中央，使国库增加了大量的收入。中央掌控了海关、税务、盐业、粮食、煤炭、邮电、铁路等要

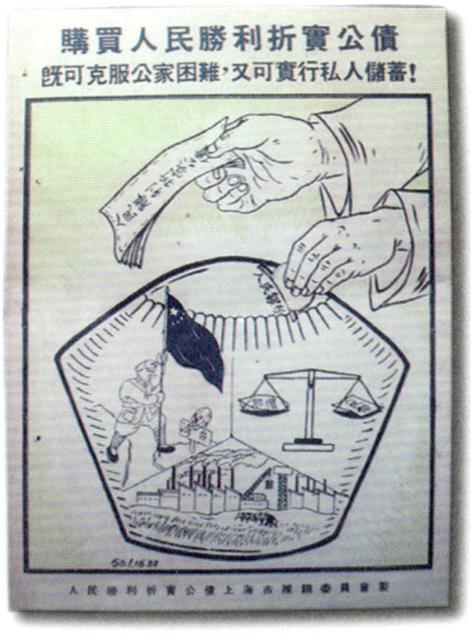

★ 号召购买人民胜利折实公债的宣传画。

害部门，实行了统一领导。陈云办了一批专业贸易公司，实行国家专营，如盐业公司、铜矿公司，以及猪鬃、油脂、皮毛、有色金属、渔业、林业等二十几个公司，这些国营贸易公司统一了全国的经营，便于规划和发展，为国家创造了更多的财富和收入。

经过建国初期的经济斗争，特别是上海打击投机、稳定物价的斗争，使陈云等中国共产党领导人深刻体会到：市场和生活的基本资料不能掌控在私人资本手里，一定要掌握在国家手里，不能允许私人资本操控市场和物价，这对国家和政权的稳定、人民的生活安定都至关重要。一个更大的统购统销、计划经济的蓝图在陈云心中酝酿。

毛泽东对陈云在建国初期领导财经工作的成绩是非常满意的。他后来说：平抑物价，统一财经，其意义“不下于淮海战役”。

第二十一节 扫荡污泥浊水

新中国成立之初，毛泽东豪迈地宣告："中国人民将会看见，中国的命运一经操在人民自己的手里，中国就将如太阳升起在东方那样，以自己的辉煌的光焰普照大地，迅速地荡涤反动政府留下来的污泥浊水，治好战争的创伤，建设起一个崭新的强盛的名副其实的人民共和国。"

"污泥浊水"是指旧中国存在的丑恶现象：黄（娼妓）、赌（赌博）、毒（毒品）、黑（流氓帮会）。国民党政府一直没有能力禁绝。中国共产党建立的是人民民主专政的国家，是无产阶级当家，当然不能容忍这些社会阴暗事物的存在。人民也在看着共产党，是不是真有本事把这些丑恶的东西连根拔除。

但是，共产党人进入上海后，绝不鲁莽行事，而是根据实际情况，运用丰富的斗争经验，一个一个地解决问题。旧上海是花花世界，当时，娼妓制度合法化，娼妓业还被征收“花捐”，是国民政府的税源之一。

解放军进上海，是不是要马上封闭当时大量存在的妓院和舞厅呢？上级还是很慎重的：第一，我们的接管力量不够；第二，封闭妓院和舞厅后，这些从业人员的生活怎么办？我们的钱养活 4 万多接收的国民党公教人员都很困难，暂时没能力养活这些人。

共产党对妓院和舞厅采取了软处理，并未立即宣布封杀，而是采取了限制经营、逐步收缩的方式，让两者逐步消亡。

★ 1956 年，上海市人民政府处理和关闭了妓院和舞厅，并鼓励原相关从业人员学习文化知识。

同时，共产党还对这个昔日的十里洋场和冒险家的乐园，进行了一系列清除旧社会污垢的斗争，主要是收容改造扒手游民。

上海解放初期，社会上游荡着几万游民。所谓游民，是指那些无业的流氓、扒手、小偷、推桥头、拾荒者等。游民是一个非常复杂的社会问题，解决它不仅是稳定社会的需要，更是铲除黑恶势力的斗争。

上海的流氓在底层社会是有组织的，和封建帮会一样。流氓是帮会中的黑老大，就像封建领主，统治着扒手等各类游民。

扒手活动在水陆码头、热闹市区、娱乐场所。每个区域中有一个首领，该区的扒手都是他的弟子。若有陌生的扒手侵入这个区域，就会被拳打脚踢，打得死去活来。扒手在行窃的过程中往往采用两三人合作的方式："龙头"（主扒）行动熟练，能在神不知鬼不觉中将"客人"（被窃者）的物品偷到手，在旁协助的助手，术语叫作"推黄包车"，阻碍客人的视线和行动，帮助"龙头"脱身逃走。清早，他们在小菜场"硬扒"（抢主妇的蔬菜）或者"卡头子"（在卡车上割开麻袋偷米），白天则在街坊间"抛顶宫"（抢帽子）、"抓活神"（抢女人的皮包）。扒手难保不被人抓住，被送进警察局，可是他们早做了准备。一旦有谁被捉进警察局，就托流氓和警察之间的中介"三光模子"去讲情，靠了他们的面子，就可保释。小偷、扒手在旧社会横行，市民对其无可奈何。

乞丐有丐头，叫花子都称他为"爷叔"。行乞也有一定的区域，不能任意越界。有时为了争夺一个地区甚至引起激烈的打斗，死伤也不诉诸法律。一个丐头通常管着二三十名乞丐，他们分工合作：有些乞丐专跑小菜场，“顺手牵羊”偷些小菜；有些把饭馆伙计挑的剩饭残羹挑回去。乞丐也要向乞丐头子孝敬费用，约占他们收入的二分之一。

推桥头就是帮助人力车或三轮车推上桥坡，找乘客施舍几文。桥头有“爷叔”，谁要想取得推车的资格，叫过爷叔之后才能营业。桥头爷叔坐地分钱，推桥头的苦力 30% 以上的收入就被爷叔攫取了。

拾荒者更可怜了，在深更半夜惨淡的灯光下，在从公馆、住宅倒出的垃圾中“淘金”，煤屑、铅管、碎布，在他们心中看起来如同宝石一样珍贵。

扒手、小偷、职业乞丐都有聚集地，上海各区约 3500 人。小偷、扒手每组少至三四人，多至七八人，分区活动。以小买卖的职业掩护，有身份证和职业证，衣服也穿得比较漂亮。他们没有真姓名，只有简单的代号。根据小偷、扒手反映：解放后那些大头子多数都隐蔽了，下面的小偷扒手被公安局逮捕时，他们没有办法营救，因此小偷、扒手也不信任他们的头子了。

经过深入细致的调查，上海民政局和公安局的干部们把游民的情况和活动规律基本掌握。经过周密安排，1949 年 12 月 12 日深夜，公安局会同警备部队、各区干部，以迅雷不及掩耳的突击行动，收容了不务正业、危害治安、破坏秩序的游民 5000 余人。

1950 年 11 月 16 日，市民政局、公安局组织了全市第二次游民大收容。至 17 日深夜，全市收容游民 3000 余人，这次收容的游民，流浪街头强讨勒索的占 34%，盗窃欺诈占 30%，散兵游勇占 19%，吸毒贩毒流浪的破落户占 7%，淫业恶霸占 4%，他们被陆续送往通州路劳动生产教养所集中。具有劳动生产能力的成年游民 3700 余人，市里对他们进行编队组织，开始进行教育改造。

成年游民被编为四个大队，每大队分 7 ～ 11 个小队，每小队有 60 ～ 80 人，10 人为一班。大队长和小队长为公安干部，班长在游民中选举。生活方面每日吃饭两顿，可以尽量吃饱。准许读报，定时见家属，与亲友通信，成立文工队，进行文娱活动，新年期间分别集会庆祝，并有表演。

起初，被收容者情绪不安，经过工作人员的耐心说服，被收容者的情绪渐渐安定，教育改造工作走上正轨。

改造游民的根本出路，是让他们成为劳动者。1950 年开始，政府在游民教养所先后组织起缝纫、制鞋、装订、麻袋加工、理发、织袜、弹棉花、泥水工、竹工、木工、打铁、制豆腐、发豆芽以及牧羊养猪、种菜等 30 多个项目的生产，解决了部分游民的劳动生产问题。1950 年起，市民政局开始组织教养所的游民从上海到苏北大丰垦区开荒垦殖，移地教养。至 1951 年分批遣送游民 12043 人至苏北垦区，边劳动边改造。

一开始，组织游民参加生产劳动是极为艰难的。当时上海的一般劳动力过剩，随着收容游民数量的不断增多，教养所现有的工厂满足不了参加劳动的要求。在此情况下，只有面向社会找工作机会。1950 年秋，第一劳教所试行“不要报酬白做工”的义务劳动制，让游民替附近居民疏通淤塞多年的河道，群众反响良好。第一劳教所与工务局联系，先后组织游民义务劳动，修建漕宝路的桥梁、中山西路的路面。在工务局技术人员指导下，游民掌握了筑路和建筑技术。

1951 年 6 月，第一劳教所在工务局的协助下，开始承包修公路和挖土工程，并由早出晚归改为在工地上住宿。游民劳动积极，遵守纪律，技术进步很快，逐渐建立了信誉。8 月间，第一个劳动工程队成立，参加了曹杨新村工人住宅区的建筑工程，承担筑路、填埋、搬运、埋管等工作，工程队由 400 人扩大到 1100 人。随着上海建筑工程的需要，劳教所组织游民成立了三个工程队，以后转化为正式的建筑工程队伍。

游民，这个旧上海无法根除的毒瘤，被共产党和人民政府以强大的手段彻底拔掉，给上海人民带来了安宁。

第八章

新中国走来了

第二十二节 民主人士北上

中国共产党革命的三大法宝是统一战线、武装斗争和党的建设。统一战线就是团结一切党外的进步力量，为建立新中国共同奋斗。1946年解放战争开始时，一些民主人士幻想所谓“第三条道路”，即在国民党和中国共产党之外，走英美式的西方民主道路。随着蒋介石发动内战，他的民主假面具也彻底撕下了。1947年10月，蒋介石下令解散中国民主同盟，其他民主党派如民主建国会、民主促进会等也遭到蒋介石的迫害。“第三条道路”的幻想破灭，许多民主人士被迫逃往香港。越来越多的民主人士逐渐向共产党靠拢，国民党统治区的工人、小资产阶级、民族资产阶级也都参加到反蒋斗争的行列中来。在新的形势下，共产党应该

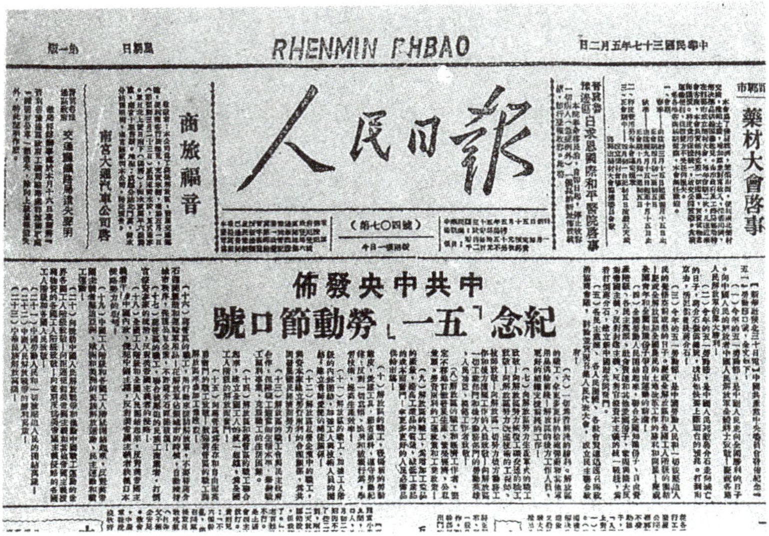

RHENMIN ŀHBAO

中華民國三十七年五月二日　星期日　第一版

人民日報

（第七〇四號）

中共中央發佈紀念「五一」勞動節口號

★ 1948 年 5 月 2 日《人民日报》刊登《中共中央发布纪念“五一”劳动节口号》。

采取什么政策来团结各社会阶层，夺取人民解放战争的胜利？这些都是需要认真考虑和解决的问题。

1948 年 4 月 30 日，中共中央发布纪念“五一”劳动节口号。其中一条是号召“各民主党派、各人民团体、各社会贤达迅速召开政治协商会议，讨论并实现召集人民代表大会，成立民主联合政府”。这一号召立刻得到各民主党派、各界人士和海外华侨的拥护。5 月 5 日，中国国民党革命委员会、中国民主同盟、中国民主促进会、中国农工民主党、中国致公党等纷纷通电拥护召开新政协。于是，中共中央在周恩来领导下计划一个秘密行动——护送香港的民主人士北上。

护送民主人士北上是一项艰巨的任务。共产党是一个严密高效的组织，这件事自始至终是在中共中央和周恩来的直接指挥下，由中国共产党驻香港地下组织协作实施的。

当时领导华南工作的是中共中央香港分局。1947 年底，周恩来决定香港分局改由中国共产党上海局领导，把上海局多年从事情报和统战工作的潘汉年、章汉夫、夏衍、连贯等派往香港，做民主人士的统战工作。这些干部与李济深、沈钧儒、何香凝、朱学范、蔡廷锴、郭沫若、马叙伦等民主党派领导人及数百位民主人士建立了联系，向他们转达中共中央政治协商的精神，并征求他们的意见。

当时，这些民主人士的情况是很复杂的。各种立场、想法都有，关于政治协商的看法还远未统一。中国共产党与民主党派的关系，也有微妙的地方。关于新政协如何召开的问题，有人主张由中国共产党召开，有人主张由各党派委托中国共产党召开，也有人主张各党派联合召开。

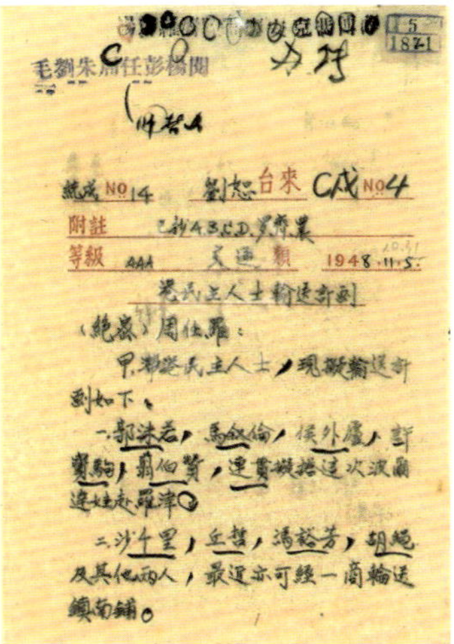
附註

等級 AAA 1948.11.5.

港民主人士輸送計劃

一、郭沫若，馬叙倫，侯外廬，許寶駒，翦伯贊，連貫擬搭這次波蘭

二、沙千里，丘哲，馮裕芳，胡繩及其他兩人，最近亦可經一商輪送

★ 中共中央在西柏坡接收的香港来电。

在这种形势下，中国共产党必须发挥主导作用。1948 年 8 月 1 日，毛泽东复电香港李济深、何香凝、沈钧儒等诸先生，并转香港各民主党派、各人民团体及

无党派民主人士，提出召开新的政治协商会议，建立民主联合政府的主张。电报说：

现在革命形势日益开展，一切民主力量亟宜加强团结，共同奋斗，以期早日消灭中国反动势力，制止美帝国主义的侵略，建立独立、自由、富强和统一的中华人民共和国。为此目的，实有召集各民主党派、各人民团体及无党派民主人士的代表们共同协商的必要。

毛泽东的复电为新政协的召开奠定了基调。民主人士纷纷表示愿意北上，参加新政协。中共中央、周恩来精心策划如何把旅居香港的民主人士安全运送到解放区，同时也要将分散在上海、北平、天津等地的民主人士转移到解放区来。中共中央计划由中国共产党香港分局牵头，潘汉年抓总，夏衍、连贯负责联络民主党派主要人物，许涤新负责筹措经费，饶彰风负责接送的具体工作。周恩来直接指示钱之光从朝鲜秘密租用苏联货轮，将民主人士从海路运往大连、烟台等港口，进入解放区。

1948 年 8 月 2 日，钱之光一行从大连前往朝鲜，办理租船手续，从朝鲜登轮赴港之前，周恩来指示钱：以解放区救济总署特派员名义前往香港，会同方方、章汉夫、潘汉年、连贯、夏衍（五人都是香港分局成员）等协商，接送在港民主人士进入解放区参加筹备新政协。

钱之光到香港后，立即与潘汉年、方方等人开会。大家一致认为，在香港的民主人士很多，需要分期分批行动。每一批安排哪些人走，什么时候开船，必须根据民主人士本人的准备情况、货轮的船期、香港的政治气候以及联系工作的情况来决定。

为了与中央和大连保持畅通联系，必须建立专门电台，以便随时向中央和周恩来汇报。几天后，电台建起来了，并与西柏坡和大连取得了联系。

从香港分局与中央往来的电报我们可以看到：香港发报台是隐藏在华润公司的“刘恕台”，电报发给周恩来、任弼时和中央调查部负责人罗青长。电报由周恩来和中办主任杨尚昆圈阅，交毛泽东的秘书师哲经办。这些绝密电报来来往往，直到转运民主人士的行动结束，没出任何纰漏。

为了尽快安排首批民主人士北上，华润公司和潘汉年等人开始就如何联系民主人士，如何避开国民党特务的监视，如何应付可能发生的意外情况，如何租船、船上装什么货，以及勘察地形、设计出海线路等进行了周密的筹划和紧张的准备。还特别规定，每次运送民主人士，必须有香港分局的负责人陪同，以确保安全。

1948 年 9 月，运送民主人士的计划开始实施。13 日上午，沈钧儒、谭平山、章伯钧、蔡廷锴一行在章汉夫陪同下，乘坐钱之光租借的苏联货轮“波尔塔瓦”号北上，船上还满载了采购的解放区急需物资。该船穿越台湾海峡后，因上海和东南沿海尚未解放，需要从东海驶入日本海，9 月 27 日抵达朝鲜罗津港。东北局负责人李富春专程前往迎接。钱之光日夜守候电台，直到登陆的消息传来才放心。沈钧儒一行乘火车从吉林省图们市绕道牡丹江，于 9 月 29 日到达哈尔滨。

1948 年 11 月，第二批民主人士启程，此时辽沈战役结束，东北全境解放，香港可以直航大连。华润公司租借悬挂挪威国旗的“华中”号。11 月 23 日夜，马叙伦、郭沫若、陈其尤、侯外庐、翦伯赞、许广平、宦乡、韩练成等人在连贯陪同下，乘“华中”号秘密离港，原定在大连港登陆，管辖大连的苏军不准外国货船进港，“华中”号只得于 12 月 3 日在安东（今丹东）附近大王家岛登陆。翦伯赞、宦乡、韩练成和连贯转道大连、山东前往华北解放区，其余人士乘汽车前往沈阳。

此后一段时间，华润公司租用的货轮不断往返东北解放区和香港之间，没有发生过意外，证明这条线路是安全的。鉴于此，香港分局决定安排李济深北上。

★ 1948 年 9 月，首批抵达东北解放区的民主人士合影。

李济深是中共中央邀请的重要民主人士，周恩来格外关注，不断发出指示安排细节。香港分局和五人小组也做了周密布置。1948 年 12

月26日夜，潘汉年导演李济深赴宴的假象，从饭店后门直接上车去港口。钱之光用小汽艇将李济深和朱蕴山、沈雁冰、梅龚彬、邓初民、章乃器等护送上苏联货轮“阿尔丹”号。第二天一早出发，经12天的航行，于1949年1月7日抵达大连海域。考虑到国民党特务可能混入码头行刺李济深，周恩来指示“阿尔丹”号在旅顺军港靠岸。东北局负责人李富春、张闻天到码头迎接。

★ 1948年11月25日，郭沫若（左）、许广平（中）、侯外庐（右）在“华中”号上合影（周海婴摄）。

进入1949年，长江以北全部解放，接运民主人士可以在烟台、天津登陆。香港分局加大力度，分别租用“华中”号、“宝通”号等客货轮，将一批批民主人士和向往解放区的进步青年运送北上。3月21日，悬挂挪威国旗的“宝通”号一次搭载250位乘客从香港直达天津，只用了6天。

完成了转运香港民主人士的使命后，4月28日，中国共产党香港分局负责人潘汉年、夏衍和许涤新奉命北上。他们乘坐华润公司的“东方”号轮船，于5月4日抵达天津，随后前往

★ 1948 年 12 月，“华中”号货轮抵达丹东市，民主人士一同合影。

北平。

从 1948 年 9 月至 1949 年 9 月，中国共产党香港分局先后分 20 多批，把 350 多名民主党派代表和民主人士平安地送到东北和华北解放区，保证了中国人民政治协商会议第一届全体会议的顺利召开。这个任务的完成，依靠上海和广东地下党、华润公司以及华商报、驻大连的中华贸易总公司等有关方面的通力合作，互相配合，严格保密，从而圆满完成了中央交办的一个伟大的历史使命。

全国胜利前夕，中共中央把大批民主人士从香港接到解放区，筹备新政协会议，为建立新中国而团结战斗。这一段历史，充分体现了中国共产党与各民主党派“长期共存、互相监督、肝胆相照、荣辱与共”的革命情谊，将永久载入史册。

★ 第二十三节 ★

新政治协商会议

1949年6月，一批民主人士齐聚北平，他们要和中国共产党一起商议人民新政权的建立。

这些民主人士中，有国民党元老、各民主党派负责人、大学教授、艺术家、海外侨胞、国民党起义人员，可谓济济一堂。国民党政权的崩溃已成事实，但是新中国如何建立，他们却各有各的想法。

对国民党，民主人士早看透了，但是对共产党，他们又缺乏了解。人民解放军进城，带来一股清新的空气，不入民宅，秋毫无犯。但是，共产党将要建立一个什么样的政权呢？报纸上说是“人民民主专政”，既然是“专政”，恐怕就是共产党一家执政。把民主人士请到北京，究竟为了什么？是让大家当陪衬还是摆设？未来政府中会有民主人士的一席之地吗？大家虽然嘴上不说，心里却都在各自思量。

黄炎培带了几位民主人士去见毛泽东。毛泽东与黄聊起延安往事，谈笑风生。在座的刘斐抓住机会，问了个小问题："主席喜欢打麻将吗？"

毛泽东随意地说："会一点。"

刘斐问："主席是喜欢打清一色呢，还是喜欢打推倒和？"

毛泽东爽快地说："和了好，和了好。"

说者无心，听者有意。细节往往能反映出一个人的内心世界。刘斐的理解是：如果是"清一色"，就是共产党一家执政；如果是"推倒和"，就还有民主人士的地位。想到这里，刘斐感觉有信心了。

1949 年 6 月 15 日，新政治协商会议筹备会第一次全体会议在北平中南海举行。出席会议的有中国共产党、各民主党派、各人民团体、各界人士、国内少数民族、海外华侨等 23 个单位，共 134 名代表。

毛泽东在开幕典礼上讲到，筹备会的任务是"完成各项必要的准备工作，迅速召开新的政治协商会议，成立民主联合政府，以便领导全国人民，以最快的速度肃清国民党反动派的残余力量，统一全中国"。

周恩来在会上作了《新政治协商会议筹备会组织条例》（草

★ 1949 年 7 月 5 日，新政治协商会议筹备会常务委员在中南海合影。

案）的报告。会议一致通过《新政治协商会议筹备会组织条例》，选举出毛泽东为主任的筹备会常务委员 21 人，下设 6 个小组，分别负责拟定参加新政协会议的单位及代表名额；起草新政协组织条例、共同纲领、中华人民共和国政府方案、新政协第一届全体会议宣言，拟定国旗、国徽、国歌等工作。

民主人士中有很多专家学者，发挥了重要作用。筹备会在讨论新中国的国旗、国名、国歌时，马叙伦提议用《义勇军进行曲》暂代国歌，徐悲鸿等代表表示赞成。有人提出需要修改歌词，周恩来赞同用原来的歌词，并认为“这样才能鼓动情感。修改后，唱起来就不会有那种情感”。最后毛泽东拍板，歌词不改，与会者一致赞同。

对于新中国的国号，争论也很激烈。有人提议用“中华人民民主共和国”，也有人提议用“中华人民民国”。张奚若教授深思熟虑之后，认为还是用“中华人民共和国”好。他说：“‘人民共和国’已说明了我们的国体，‘人民’二字指工人、农民、小资产阶级和民族资产阶级，已经把人民民主专政的意思表达出来了。因此，不必让‘民主’二字再出现，以免重复。”他的主张获得了大多数委员的赞同，并由大会正式通过。

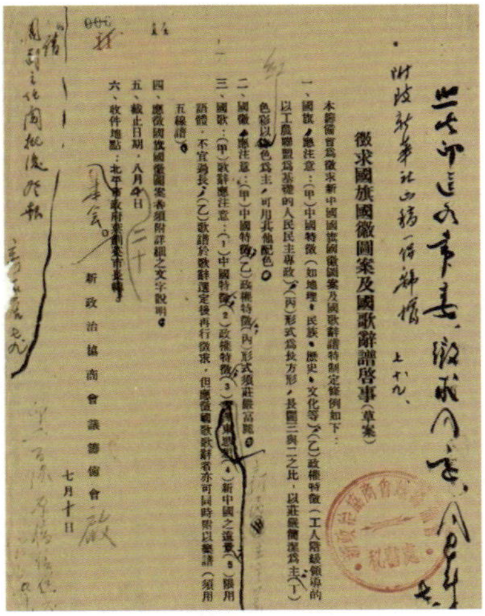

徵求國旗國徽圖案及國歌辭譜啓事（草案）

本籌備會爲徵求新中國國旗國徽圖案及國歌辭譜特制定條例如下：

一、國旗，應注意：（甲）中國特徵（如地理、民族、歷史、文化等）（乙）政權特徵（工人階級領導的以工農聯盟爲基礎的人民民主專政）（丙）形式爲長方形，長闊三與二之比，以莊嚴簡潔爲主（丁）色彩以紅色爲主，可用其他配色。

二、國徽，應注意：（甲）中國特徵（乙）政權特徵（丙）形式須莊嚴富麗。

三、國歌：（甲）歌辭應注意：（1）中國特徵（2）政權特徵（3）[illegible]（4）新中國之遠景（5）限用語體，不宜過長，（乙）歌譜於歌辭選定後再行徵求，但應徵國歌歌辭者亦可同時附以樂譜（須用五線譜）。

四、應徵國旗國徽圖案者須附詳細之文字說明。

五、截止日期，八月念日。

六、收件地點：北平市政府[illegible]

新政治協商會議籌備會

七月十日

★ 新政治协商会议筹备起草的《征求国旗国徽图案及国歌词谱启事》草案。

复。”他的主张获得了大多数委员的赞同，并由大会正式通过。

周恩来在筹备新政协的过程中，发挥了共产党的主导作用。他主持制定了一系列重要原则，首先要尽可能地团结最大多数人，要划“最大的圈子”，不要划“小圈子”。在代表人选上，他强调政协委员不能搞“清一色”，要团结各个方面的人。政协内部要求同存异。他说：“为了一个共同的目标，求大同存小异，这并没有坏处。”求同存异，就必须有适当的妥协和让步。他指出：“除非最原则的问题不会妥协外，凡是有极大可能采纳的问题，最终可以取得妥协。”

参加新政协会议的代表，需要包括各民主党派、各人民团体、各地区、人民解放军、国内各民族、海外华侨及其他爱国人士，取舍十分不易，是整个筹备工作中最敏感、最复杂的工作。代表名单一般先由单位提名，听取各方面的意见，反复磋商，再确定下来。在这个过程中，常常为了某一个代表的人选斟酌再三，许多事情都是周恩来亲自处理的。

为了争取各方面人士都来参与新政协，中共中央在代表分配上不仅考虑到民主党派，还按专业划分了社会科学界、新闻界、工商界等，以便吸纳更多的知名人士。新政协还特设“无党派人士”代表，照顾到各个方面。周恩来说：“无党派民主人士是在中国革命的具体历史条件下发展形成的。”由于国民党反动统治的高压政策，许多志士仁人虽未组织起来，但却领导和联系了

★ 新政协委员在讨论《共同纲领》起草事宜。

一大批民主人士从事民主运动。因此，无党派民主人士是“没有党派组织的有党派性的民主人士”。

中共中央在代表的分配上，已经非常细致了，但还有一些特殊人物不好安排，为此，新政协又设了“特邀代表”一类。一些国民党元老和前军政要员，重要人物如宋庆龄、张元济、张治中、邵力子、程潜、傅作义等位列其中。“特邀代表”由中共中央直接邀请，不必经民主党派讨论。这使新政协具有最广泛的代表性，也体现了中共中央团结一切可以团结的力量的真诚。

可以看出，统战统战，不是只统不战，而是有统有战。共产党是讲原则的，对民主人士也是具体分析的。谁是真朋友，谁是团结对象，可谓内外有别。

新政协筹备会闭幕后，各个小组经过三个月的积极准备，完成了各项任务。9月就要召开正式会议，但是还有一位重要人物尚未来到北平，她就是宋庆龄。

中共中央对宋庆龄北上参加政协会议采取极为谨慎的态度，原计划派人赴上海把宋庆龄接到香港，然后由何香凝陪同宋庆龄北上。宋庆龄看到毛泽东和周恩来的邀请电，心情久久不能平静，但是北上之事，宋庆龄有自己的想法。1949年2月20日，宋庆龄复信中共中央领导人：

请接受我对你们极友善的来信之深厚的感谢。我非常抱歉，由于有炎症及血压高，正在诊治中，不克即时成行。

但我的精神是永远跟随着你们的事业。我深信，在你们英勇、智慧的领导下，这一章历史——那是早已开始了，不幸于 23 年前被阻——将于最近将来光荣的完成。

5 月 27 日上海解放，宋庆龄的安全有了保证。中共中央专门派邓颖超前往上海迎接宋庆龄北上。毛泽东特意给宋庆龄写了一封亲笔信，周恩来也写了一封言辞恳切的信。

宋庆龄读了毛泽东和周恩来的亲笔信，字里行间充满着对她的期待和敬佩，使她深受感动。最终，她决定离开上海，和邓颖超一同北上。

为了迎接宋庆龄北上，中共中央做了周详的安排。8 月 28 日下午，毛泽东来到北平前门火车站，等候迎接的还有朱德、周

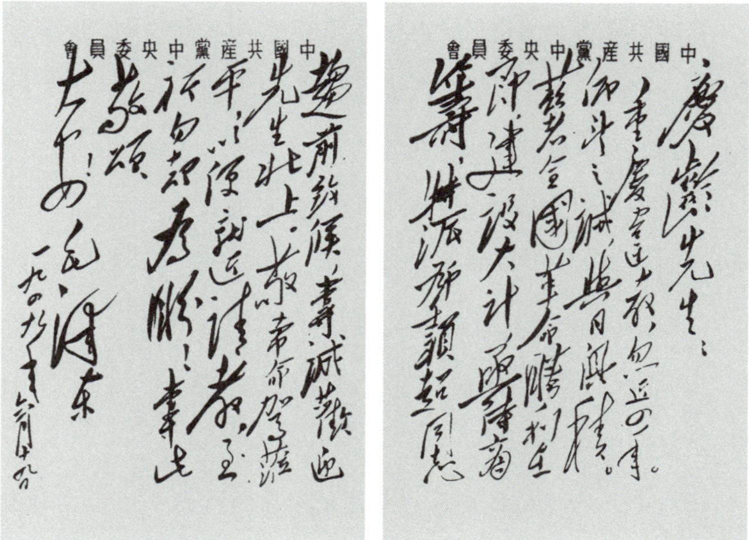
中國共產黨中央委員會

庆龄先生：

重庆违教，忽近四年。仰望之诚，与日俱积。兹者全国革命胜利在即，建设大计亟待商筹，特派邓颖超同志

中國共產黨中央委員會

趋前致候，专诚欢迎先生北上。敬希命驾莅平，以便就近请教，至祈勿却为盼！专此。

敬颂

大安！

毛泽东

一九四九年六月十九日

★ 1949 年 6 月 19 日，毛泽东写信给宋庆龄，邀请她参加中国人民政治协商会议，并特派邓颖超持信前往上海送达。

恩来、董必武、何香凝、郭沫若等人。火车停下后，宋庆龄在廖梦醒、邓颖超的陪同下走出车厢。毛泽东立即迎了上去，伸出双手，高兴地说道："欢迎你，欢迎你，一路上辛苦了。"

宋庆龄十分吃惊，她没想到会有如此隆重的欢迎仪式。她欣喜地说："谢谢你们的邀请，我向你们祝贺，祝贺中国共产党在你的领导下取得伟大胜利。"

毛泽东说："欢迎你来和我们一起筹建新中国的大业。"

1949 年 9 月 21 日至 30 日，中国人民政治协商会议第一届全体会议在北平中南海怀仁堂召开。毛泽东对民主人士非常尊重和礼貌，他站在大门口迎接各位代表。看到年高德劭的张澜、李济深、程潜等人，他都上前搀扶。当大家称赞主席伟大时，

★ 1949 年 8 月 28 日，宋庆龄由邓颖超等陪同，从上海抵达北平。

毛泽东谦虚地说：“不要这样讲，以后我们还要共事。”

出席大会的有各党派、区域、人民解放军、社会团体代表共45个单位及特别邀请人士，共有正式代表、候补代表及特邀代表662人。

中共中央主席、新政协筹备委员会主任毛泽东主持大会并致开幕词。他指出：现在的中国人民政治协商会议是在完全新的基础之上召开的，它具有代表全国人民的性质，它获得全国人民的信任和拥护。毛泽东充满自信地说：“占人类总数四分之一的中国人从此站立起来了。”

会上，周恩来作了关于起草《中国人民政治协商会议共同纲领》草案的报告。9月27日，会议一致通过了四项决议案：

1. 中华人民共和国的国都定于北平，改名为北京；

2. 中华人民共和国的纪年采用公元，当年为1949年；

3. 以《义勇军进行曲》为代国歌；

4. 中华人民共和国的国旗为五星红旗，象征共产党领导下的中国革命人民大团结。

会议于27日和29日先后通过了具有临时宪法性质的《中国人民政治协商会议共同纲领》和《中国人民政治协商会议组织法》《中华人民共和国中央人民政府组织法》等重要文件。

9月30日，会议选举毛泽东为中华人民共和国中央人民政府主席，朱德、刘少奇、宋庆龄、李济深、张澜、高岗为副主席，陈毅、贺龙等56人为中央人民政府委员。当宣告毛泽东当

★ 1949 年 9 月 30 日，毛泽东当选中央人民政府主席。

选中央人民政府主席时，会场一致起立，热烈鼓掌数分钟之久。

在新中国第一届中央人民政府人选的酝酿和选举中，民主人士占到了半数的席位。中央人民政府主席是毛泽东，六位副主席中，宋庆龄、张澜、李济深占了其中三席。政务院总理是周恩来，四位副总理中，有郭沫若、黄炎培两位民主人士。各部的部长中，民主人士也占了三分之一。起义将领傅作义担任了水利部部长，民主同盟的史良担任司法部部长，地质学家李四光教授担任地质部部长。以上既照顾了民主党派的均衡，也发挥了个人的专长。

会议选出以毛泽东为主席的由 180 人组成的中国人民政治协商会议第一届全国委员会。会议还通过了《中国人民政治协商会议第一届全体会议宣言》《中华人民共和国中央人民政府公告》《给中国人民解放军的致敬电》，通过竖立人民英雄纪念碑的决定和纪念碑碑文。朱德致闭幕词，会议胜利闭幕。当晚，在天安门广场举行人民英雄纪念碑奠基礼。

中国人民政治协商会议的召开，中华人民共和国的成立，标志着中国近代以来无数仁人志士为之奋斗的争取民族独立和人民解放的历史任务胜利完成。这是中国共产党领导全国各族人民、各民主党派及爱国民主人士长期共同奋斗的结果，是统一战线的巨大成功。中国历史从此进入一个人民当家作主的新时代。

开国大典

★第二十四节★

1949年10月1日，这是一个中国历史上最伟大的时刻，这一天中华人民共和国成立了。

为了举行开国大典阅兵式，人民解放军做了大量准备工作。

开国大典的安全工作最为重要。为什么要在下午举行？一是新政协要开会，选举中央人民政府领导人；二是防备国民党飞机的袭扰。5月4日，国民党从青岛派出6架轰炸机轰炸南苑机场，投弹30枚，造成我方伤亡。阅兵总指挥聂荣臻十分重视防空问题，军委在南苑机场组建了一个飞行中队，担任北平的防空任务。华东沿海部队严密监视舟山国民党空军的动向，10月1日中午未见飞机起飞。国民党飞机如果此时不起飞，就不可能到北京袭扰了，排除这个隐患，开国大典的安全就有保证了。

鸣放礼炮也是头一回的新任务。7 月，华北军区特种兵组建了我军第一支礼炮队，开始训练鸣放礼炮。驻京各部队选调 54 门山炮，在先农坛体育场开始了严格的训练。按照要求，礼炮 28 响必须与升国旗、奏国歌同步，共 2 分 05 秒的时间，以间隔 4 秒多等速发射。为了达到整齐划一，官兵们在炎炎烈日下练肿了胳膊，喊哑了嗓子。

10 月 1 日凌晨，礼炮队布置在现公安部门前，54 门礼炮向东一字排开。礼炮指挥所设在天安门东侧的三座门下，与天安门阅兵指挥部有直通电话。

10 月 1 日下午 2 时，中国人民政治协商会议第一届全体会议选举产生的中央人民政府委员会在勤政殿举行第一次会议。毛泽东、朱德、刘少奇、周恩来、任弼时等领导人出席了会议。中央人民政府主席毛泽东，副主席朱德、刘少奇、宋庆龄、李济深、张澜、高岗以及周恩来等 56 名中央人民政府委员会委员宣布就职。会议宣布中华人民共和国中央人民政府成立。毛泽东为中央人民革命军事委员会主席，朱德为中国人民解放军总司令，任命周恩来为政务院总理兼外交部部长，沈钧儒为最高人民法院院长，罗荣桓为最高人民检察署检察长。会议向各国政府宣布：中华人民共和国中央人民政府为中国唯一合法政府，愿与遵守平等、互利及互相尊重领土主权原则的任何外国政府建立外交关系。

★《开国大典》，作者：董希文。

会议结束后，中央人民政府主席、副主席及各位委员集体出发，乘车出中南海东门，前往天安门城楼出席开国大典。

庄严神圣的时刻终于到了！毛主席宣布："中华人民共和国中央人民政府今天成立了。"随着阅兵指挥部的命令，礼炮齐鸣。28 响与升国旗、奏国歌同时开始，同时结束。54 门礼炮表示参加政协第一届全体会议的 45 个单位和特别邀请人士的 9 个小组，28 响象征着中国共产党 28 年的革命历程。礼炮队圆满完成了这一历史性任务。

空军是首次参加阅兵。当时从东北、华北军区调了 17 架飞机，9 架 P-51 型战斗机，2 架蚊式战斗机，3 架 C-46 型运输机，1 架 L-5 型通讯联络机，最后 2 架是 PT-19 型初级教练机。17 架飞机要形成一个纵队通过天安门上空，与地面的坦克队列相呼应。

★ 1949 年 10 月 1 日下午 3 时，北京天安门城楼，毛主席在开国大典上宣读《中华人民共和国中央人民政府公告》，宣告中华人民共和国成立。

17 架飞机共 5 种机型，飞行速度相差很大。上级要求通过天安门时必须队列整齐、分秒不差，确实很有难度。经过摸索和精确计算，飞行队决定起飞的顺序按照先小后大，先慢后快，选择了 3 个不同的航线进入点。经过多次合练后，终于保证万无一失。

10 月 1 日下午 4 点 35 分，受阅分列式开始。当 9 架领航的战斗机飞过天安门后，指挥部下达命令：“9 架 P-51 再通过天安门一次。”队长按照复飞方案，第二次飞越天安门上空。从时间上看，与前面的飞机配合得恰到好处。后来好多人以为开国大典受阅的飞机是 26 架，其实后面 9 架是重复飞行的。朱德总司令看见飞机，高兴地说：“你们今天飞得很好，从现在起，我才是名副其实的真正的陆海空军总司令了！”

新华社记者李普在天安门城楼上负责采访任务。他就站在毛泽东的台阶下面，亲历了这个伟大的场面。晚上，他满含激情写下新闻稿，发表在第二天的《人民日报》上。我们试图用各种词汇描述开国大典，但是写来写去，都比不上李普这位亲历者的原创。我们就直接引用这篇，来复原开国大典的盛况：

【新华社北京一日电】中华人民共和国中央人民政府毛泽东主席，今日在新中国首都宣布中华人民共和国中央人民政府公告。这是在北京庆祝中华人民共和国中央人民政府成立的典礼上宣布的。典礼在北京天安门前举行，参加这个典礼的有中国人民政协全体代表和首都各工厂职工、各学校师生、各机关人员、市民、近郊农民和城防部队共三十万人。主席台设在天安门城楼上，面对着列满群众和飘扬满红旗的人民广场。当毛泽东主席在主席台上出现时，全场沸腾着欢呼和掌声。

下午三时，中央人民政府委员会秘书长林伯渠宣布典礼开始。中央人民政府主席、副主席、各委员就位，乐队奏《义勇军进行曲》，毛泽东主席宣布说：“中华人民共和国中央人民政府已于本日成立了。”毛主席亲自开动有电线通往广场中央国旗旗杆的电钮，使第一面新国旗在新中国首都徐徐上升。这时，在军乐声中，五十四门礼炮齐鸣二十八响。毛主席宣读中央人民政府公告（见另电）。

★ 1949 年 10 月 1 日，天安门广场举行开国大典时的影像。

毛主席宣读公告完毕，阅兵式开始。阅兵式由人民解放军朱德总司令任检阅司令员，华北军区司令员兼京津卫戍区司令员聂荣臻将军任阅兵总指挥。朱总司令驱车检阅各兵种部队回到主席台上宣读人民解放军总部命令。受阅部队随即分列经主席台前由东向西行进，前后历时三小时。受阅部队以海军两个排为前导，接着是一个步兵师、一个炮兵师、一个战车师、一个骑兵师，相继跟进。空军包括战斗机、蚊式机、教练机共十四架在全场上空自东向西飞行受阅。在阅兵式中，全场掌声像波浪一样，一个高潮接着一个高潮。

阅兵式接近结束时，天色已晚，天安门广场这时变成了红灯的海洋。无数的彩色火炮从会场四周发射。欢呼着的群众在阅兵式完毕后开始游行。当群众队伍经主席台附近走出会场时，“人民共和国万岁！”“毛主席万岁！”的口号声响入云霄。毛主席在扩音机前大声地回答着：“同志们万岁！”毛主席伸出身子一再地向群众招手，群众则欢呼鼓掌，手舞足蹈，热情洋溢，不能自已。当游行的队伍都已有秩序地一一走出会场时，已是晚间九点二十五分。举着红灯游行的群众像火龙似的穿过全城，使新的首都浸在狂欢里直到深夜。

敲黑板 划重点

同学们，新中国成立的故事讲完了。我们有哪些启示呢？

第一，成立新中国如同建大厦，必须从基础做起，一砖一瓦地积累起来。中国共产党人怀着美好的理想，要推翻黑暗的旧制度，建立一个人民当家作主的新政权。但是真正干起来，才知道不是那么容易的事情。中央苏区苏维埃共和国建立了，但是照搬苏联的体制能行吗？怎么养活红军、干部和百姓，就是第一个现实难题。毛泽东通过调查研究，找到了发展经济、保障供给的出路，使他树立了“反对本本主义”“实践出真知”的理念。陕甘宁边区的建设，实行“三三制”民主选举，通过大生产组织民众，发挥民众参与政治的积极性，体现了共产党领导下的政权为人民服务的宗旨，这些经验，都是一步步积累，不断总结提高的。

共产党人不仅善于总结经验，而且在时代转折的关头，能超前地指引方向，赢得人民大众的拥护。1949 年，毛泽东提出“将革命进行到底”的号召，粉碎了国民党当局“南北朝”的幻想。在党的七届二中全会上，毛泽东不仅谋划了建立新中国的基本方针和相关政策，更向全党提出了切勿因为胜利而骄傲腐化的警告。“两个务必”成为执政的座右铭。不断发现问题，解决问题，在每个重要关头提出新的奋斗目标，是建立新中国的必由之路。

第二，紧紧依靠人民群众，团结一切可以团结的力量。共产党的基业是在一穷二白的基础上建起来的，靠的是什么？是千百万拥护革命的人民大众。一切从人民利益出发，保持和人民群众的鱼水关系，是共产党全部工作的出发点。因为这样做了，大生产、土地制度改革才发动了亿万群众来支持抗日战争和解放战争，所以称之为“人民战争”。共产党虽然打了天下，但在建立新中国前充分发挥统一战线的作用，把一切拥护进步的民主人士、各界代表团结到新中国的旗帜下，建立一个能代表最广泛阶层、最大多数的群众利益的新民主主义国家。是团结得多一点好，还是少一点好？当然是团结得越多越好。

第三，我们不但善于摧毁一个旧世界，我们也善于创造一个新世界。共产党和人民解放军长期在农村斗争，是典型的“土包子”。土包子进城，能不能管理好？许多人都怀疑。甚至有人说，让解放军红着进上海，黑着出去。是说上海的纸醉金迷，很快会把人腐蚀掉。国民党在抗战胜利后不就是这样腐败的吗？共产党人不信邪，陈毅下令：进上海一律不准入民宅，这是我们送给上海人民的见面礼。上海解放那天，几万人民解放军睡在大街上，一下子征服了上海的民心。国民党时期的上海是个大染缸，投机倒把、营私舞弊、黄赌毒无所不有。共产党进来，投机商先倒卖银元，让人民币站不住脚。解放军用铁腕钢拳，将投机商一网打尽。投机商又扰乱市场，抢购囤积商品，引发市场危机。中共中央以举国之力，与上海投机商展开贸易战，把投机商搞得血本无归，他们这才体会到共产党的厉害。市场得到稳定，人民生活有了保障。一个政权的威信，就是这样建立起来的。

第四，新中国给人民带来了希望。人民都希望清平世界，郎朗乾坤。但是在国民党的统治下，政治腐败，社会黑暗，帝国主义洋人横行，人民毫无地位和尊严。共产党来了，国民党从来解决不了的问题，共产党三下五除二地解决了。长年被人看不起的“东亚病夫”恢复了民族自尊。所以新中国成立后的日子叫社会主义新时代，中国人焕发出了爱国热情、冲天干劲，新中国在茁壮成长中，走向繁荣富强。

图书在版编目（CIP）数据

飘扬的国旗 : 写给青少年的新中国成立故事 / 刘统著 . — 上海 : 少年儿童出版社 , 2025. 3. — ISBN 978-7-5589-2074-5
Ⅰ. D23-49

中国国家版本馆 CIP 数据核字第 2025PX2606 号

飘扬的国旗：写给青少年的新中国成立故事

刘 统 著

策 划 陆小新
责任编辑 刘 婧 美术编辑 陆 及
责任校对 陶立新 技术编辑 许 辉

出版发行 上海少年儿童出版社有限公司
地址 上海市闵行区号景路 159 弄 B 座 5-6 层 邮编 201101
印刷 上海新艺印刷有限公司
开本 710 × 1000 1/16 印张 14.5 字数 137 千字
2025 年 3 月第 1 版 2025 年 3 月第 1 次印刷
ISBN 978-7-5589-2074-5 / I · 5289
定价 68.00 元